U0528084

带班有方

班主任工作思维训练十讲

方海东◎著

长江出版传媒　长江文艺出版社

图书在版编目（CIP）数据

带班有方：班主任工作思维训练十讲 / 方海东著
. -- 武汉：长江文艺出版社，2023.10（2025.1 重印）
（大教育书系）
ISBN 978-7-5702-3260-4

Ⅰ.①带… Ⅱ.①方… Ⅲ.①班主任工作 Ⅳ.
①G451.6

中国国家版本馆 CIP 数据核字（2023）第 139368 号

带班有方：班主任工作思维训练十讲
DAIBAN YOUFANG：BANZHUREN GONGZUO SIWEI XUNLIAN SHI JIANG

责任编辑：李婉莹	责任校对：程华清
封面设计：天行健设计	责任印制：邱 莉　丁 涛

出版： 长江出版传媒　 长江文艺出版社
地址：武汉市雄楚大街268号　　　邮编：430070
发行：长江文艺出版社
http://www.cjlap.com
印刷：武汉中科兴业印务有限公司

开本：710毫米×970毫米　　1/16　　印张：14.75
版次：2023年10月第1版　　2025年1月第3次印刷
字数：209千字

定价：48.00元

版权所有，盗版必究（举报电话：027—87679308　87679310）
（图书出现印装问题，本社负责调换）

像班主任那样去思考

陈宇

我向来主张班主任应该"像班主任那样去思考！"现在这句话，在方海东老师的《带班有方》一书中有了最好的体现。

怎么理解这句话？就是说班主任应该有班主任的思维方式。这种思维方式是这项工作的特点和做这项工作的人的角色身份所决定的。思维产生想法，想法决定做法，做法被提炼成方法，方法上升到方法论。方法，是思考成果在实践中的体现。班主任工作本应该是脑力劳动，但在现实中，不少班主任是缺乏思考的。不思考就工作，导致了班主任工作专业技术含量不高，没有智慧。显性的结果是工作效果不佳，隐性的后果则更严重——班主任工作的地位下降，因为班主任成了人人都能做的工作。

教育者和管理者是班主任最主要的两种角色身份，但这两种角色又是融合的。这是由班主任工作的特点所决定的，即他不单纯是一个教师，他还有大量的管理工作。但他做管理工作时又不同于一个企业的管理者，管理中还有大量的教育。所以说，班主任的思维有他的独特性。比如班级最常见的管理工作——卫生保洁。作为一名管理者，班主任首先就要有"岗位"的意识——班级里所有需要保洁的地方都是岗位（实际上，空间、时间、任务、活动皆是岗位）。

有了"岗位"的意识，接下来的工作就很有章法了：定岗、定人、定责、培训、检查、评价。这几乎是班级所有常规工作管理的流程。这是一种管理者的思路，叫"目标管理"。这个思路就是以"把事情做好"为目标组织管理活动。本书第一章组织运动会的案例，遵循的也是这个思路。但是，班级作为一个教育学生、发展学生的场所，管理的目的又不能局限在"把事情做好"上。换句话说，班级不是为学生打扫卫生而存在。如何利用卫生保洁这件事对学生进行教育，通过"把事情做好"去"把人培养好"，才是班主任重点要考虑的。这样思考的班主任，就会把劳动教育以及培养学生的责任意识、合作意识、敬业精神和奉献精神等内容融入小小的卫生保洁工作中。正是这种思维方式，才把班主任每天所做的"烦人"的小事变成了教育资源，真正体现了班主任工作平凡中的伟大。

由此可见，班主任的思维实际上是一种系统思维（方海东老师经常用"点、线、面"三个字来表达这种思维）。本书第一章就是要构建这种思维，透过现象看本质，而不是孤立地处理学生的问题。为什么班主任工作需要有这种思维方式？因为你所看到的学生的任何问题都是系统问题中暴露出来的一个点，如果孤立地就这个点采取行动，往往是低效甚至无效的。比如学生的手机管理问题，班主任如果只想着"管手机、管手机"，所有的教育活动、管理措施都只聚焦在"手机"这一个点上，就肯定不能从根本上解决问题，最多也就是个面上的控制而已。因为手机问题是一个系统问题，所以解决它必须有个一揽子的、系统的教育引导方案。而对不同的学生，方案也不能是一模一样的。假设班主任经过调查发现，班级里有 50% 的学生在节假日使用手机的时间每天都超过了五个小时，于是想用一些办法控制学生使用手机的时间。但因为不同的学生在这五个小时里用手机干的事是不一样的，出于什么想法使用手机也是不一样的，所以其实并没有统一的方法解决这个问题。手机的管理归根到底还是自我管理，班主任可以带领学生研究一下自控力问题，让学生明白为什么自己会过度使用手机。但是每个学生制定的自我管理方案一定是不同的，手机对于每一个学生而言，都是一个他自己的系统问题。这就是班主任要做好个案的原因。很多班主任都不会花功夫一个一个做这件事。但我们可以想一想，想省事省时间，采用简单的方法，却没有效果，那么就算是用了很少的时间，也是毫无意义的，还不如不做。做个案虽然看上去很麻烦，却是有效的。

具备这种思维的班主任绝不会一叶障目不见泰山，绝不会头疼医头脚疼医脚，绝不会治标不治本（治标不治本的结果往往是连"标"都治不了），他一定会透过现象看本质，他一定会探究学生行为背后的心理活动，在此基础上再采取教育行动。

方海东老师是国内为数不多的感性思维和理性思维兼备，能在班级工作中运用系统思维解决教育难题，且工作卓有成效的优秀班主任之一。身为班主任，他的思想和格局却远远超越了班主任日常工作中那些鸡毛蒜皮的琐事。他的很多工作方法并非灵机一动，一拍脑袋就想出来的，而是在一定理论的支撑下，经过缜密思考的结果。这些方法在实践中被证明是有效的，否则也不会有书中大量的教育成功案例。所以，我们一定不能抱着向方海东老师学个三招两式来管理好班级的想法阅读本书。书中介绍的一些方法或许根本不能运用到你的班级里，而你自己的有效方法到了方海东老师的班上也可能完全不适用。唯有方法背后的基本原理是相通的。所以，本书的重点在于讲原理、讲思维。单看本书的目录你就能感受到这点。我特别喜欢这本书目录的形式，它没有任何居高临下指点江山的意味，也不炫耀自己带班的"辉煌业绩"。它像一个智者，不断地用问题激发你思考，不仅多角度研究问题，更会深入研究问题。这种风格贯穿整本书，这其实也是方海东老师带班的风格。

《带班有方》这本书，绝非那种快餐式读物，它不追求那些其实根本不存在的所谓一招制胜的"武功秘笈"和催泪的故事。方海东老师不是为讲故事而讲故事，甚至用故事堆砌起一本书。他的每一个故事后都有深邃的思考，我们可以在故事中感受他的思维，并将这种思维带入自己的教育工作中，产生更多的故事。这种感动是深刻的，也是有价值的。

承蒙方海东老师信任，嘱我为此书作序。我才疏学浅，思想也不及方海东老师深刻，之所以欣然应允，是因为我也在不断地思考班主任专业发展的问题，算是惺惺相惜吧。希望本书的读者也能与我们产生共鸣，共同思考、探究班主任工作的专业性话题。

2023 年 7 月 24 日

前言 班主任与思维品质　001

第一章　思维构建：
寻找现象背后的"为什么"　001

一、结构思维：我和谁站在一起　002
二、理性思维：从具体向抽象的过渡　005
三、因果思维：我站在问题的哪个方位　012
四、逆向思维：从角度到角度的换位　026

第二章　目标定位：
班级成长的方向在哪里　033

一、思目标：班级目标从哪里来　033
二、立目标：班级目标的维度　040
三、践目标：班级目标的具体化　048
四、析目标：无效目标的反思点　056

第三章　体验活动：
　　　　追寻经历中的教育价值　059

一、外在：经历的过程　059
二、内在：思维的验证　063
三、整体：价值的融合　068

第四章　制度建设：
　　　　班级建设高度的体现　080

一、制度建设的种类　081
二、制度建设的步骤　082
三、制度建设的关键点　085
四、制度建设的"先后"问题　087
五、制度建设的高级样态　093

第五章　文化建设：
　　　　学生成长的核心动力　102

一、文化建设的过程：源于学生，高于生情　103
二、文化建设的影响：基于载体，凝聚内核　107
三、文化建设的作用：动机探寻，因材施教　110
四、文化建设的反思：因异调整，逐步完善　113

第六章　干部培养：
主人翁意识和主人意识　122

一、一种态度：错误是成长的台阶　123
二、两个方向：规范还是建设　124
三、三个抓手：使用、放手还是培养　129
四、四个维度：培养过程系统综合　133
五、五个步骤：思维培养分解定位　137

第七章　主题班会：
教育载体的平凡与不平凡　141

一、上什么：一个人成长的主题品质　142
二、怎么上：一种品质培养的过程　147
三、上成什么样：主题班会序列化　150

第八章　家校合作：
看见孩子背后的那个人　153

一、内容：家校合作以什么品质为重点　154
二、形式：家校合作以什么为载体　156
三、过程：家校合作是一种交互融合　158
四、反思：家校边界在哪里厘清　167

第九章　表格管理：
让"可操作"极限落地　172

一、在什么情况下用表格　173
二、如何设计表格　174
三、如何分析表格记录的内容　177
四、针对不同管理内容怎么用表格　180
五、基于表格构建思维的班级三维管理　189

第十章　集体影响：
同伴接纳与同伴教育　192

一、集体约定：从个性到共性　193
二、集体行为：从群体到个体　200
三、集体影响：从思想到行为　206
四、集体判定：共同意识生成　211

前 言

班主任与思维品质

班主任是一个班级的组织者和精神引领者,班级能否建设成为班集体,班主任起到了关键作用。一般说来,我们将班级管理的过程简称为"带班",它关系到班主任的诸多技能,包括思维方式、活动设计、主题班会召开、干部培养、班级文化建设等等。班主任掌握这些技能,并在班级管理中有效发挥,那就是一个班集体的形成过程。

常听班主任诉苦,核心词就是——我不会。其实就是遇到了很多问题,但是解决不了。可是,你虽然传递了方法,却发现他们依旧不会。他们还是会说,方法不合适,风格不同,与学情不吻合,等等。这就告诉我们,单纯的方法传递是不能帮助班主任走出困境的。

我出去讲课,听班主任们说得最多的就是:"方老师,您能告诉我我该怎么做吗?"开始,我不厌其烦地从各个角度进行分析,然后归纳出方法,并反复说明,要按照我这样的思维逻辑好好地分析学生问题、班级问题。但是,我发现大部分的老师在听我分析、建模的时候总是神情游离的,只有当我讲到具体方法的时候，他们才频频点头。

我好奇地问："我的方法不是万能钥匙，您也不是我，您的学生也不是我的学生，为什么您就这么肯定这方法能给您带来效果？"老师们也不反驳，只是笑笑，并表示了感谢。

我只能发出一声叹息。

一种方法传递的是操作的步骤，也就是实践的安排。我们痴迷于方法，是因为过度重视结果，这样才会只想得到可以复制的方法。但是，想要真正懂得一种方法，除了要知道操作的过程，还需要知道为什么要用这样的方法，这就是班主任的思维品质。

一般说来，在班级管理中，我们需要明白"是什么、为什么、怎么做、做成什么样"。这是认识概念的核心逻辑，也就是思维的过程。其中最关键的是"怎么做"，有很多班主任也正是困惑于此，才导致班级出现问题。很多老师遇见班级问题，更多的是想明白"是什么"，解决问题却更需要"怎么做"，也就是班级管理的技能。但是，二者的背后是"为什么"，就是为什么会生成这样的现象，为什么会有这样的过程，为什么家长是这样的表现，为什么学生有这样的反应，为什么教育方法能抓住改变的"点"，等等。这些"为什么"不仅仅是原因探析，更是针对问题的内涵分解，这就是班主任的思维品质。

班主任的思维品质训练有以下十项：思维构建、目标定位、体验活动、制度建设、文化建设、干部培养、主题班会、家校合作、表格管理和集体影响。

班主任思维品质培养的核心意义是什么呢？从源头看，班主任的专业成长分成三个层次：一是技能的提升，二是价值的探寻，三是艺术的融合。技能的提升是基础，当一个班主任在基本技能上获得提升的时候，他将看到技能背后的教育价值，最终，也将生成自己的教育艺术。

譬如，关于班级规则意识的培养。很多班主任听懂了方法，那就是重视班级的卫生保持、班级的桌椅摆放、班级的环境布置，等等，可是把这些方面做好了，班级规则意识未必就建立了。换个角度，如果班主任懂得了这些行为的背后是规则，是班级建立的"序"，就能引导学生在活动中思考活动价值，懂得"序"的作用，拓展"序"在班级发展中的价值，那时学生就会建立规则意识，形成规则行为，养成守规则的习惯。只是停留在行为表面的班主任，只能发现自己努力过了，效果依旧不明显。这就是思维品质的影响和作用了。

一个班主任具备良好的思维品质，有四个特点：看见现象，知道为什么会这样；看见过程，知道为什么这么做；看见结果，知道具体的形成过程；看见学生，判断未来的发展可能。四个方面融在整个教育过程中，也是训练班主任思维品质的过程。经过思维训练后的班主任，他思考问题的逻辑、判断问题的定位、解决问题的方式、提出问题的远见都是与众不同的。

本书从各个角度探寻班主任技能提升及其背后的思维品质，引导班主任们看见问题，洞见本质，远见有人。我也希望，在班主任们的成长中能有这样的未来：因为一种技能，建立一种思维；因为一种思维，成就一个班主任；因为一个班主任，帮助一班孩子，幸福一批家庭。

第一章

思维构建：寻找现象背后的"为什么"

很多人对自己在班主任工作中的做法是坚信不疑的，甚至坚定到固执的状态。即使出现了教育问题，他们也会认为是学生的问题、家庭的问题，有的时候，甚至会说是制度的问题，总之，自己是没有问题的。固执的状态甚至延续多年，他们始终以自己的方式做所谓的自己的教育。这其实是一种班主任思维缺失的表现。

班主任界有一位前辈说："班主任的门槛太低了，班主任的评价标准太多样化了，对班主任管理效果的检测太主观了，很多人即使一辈子没有做好班主任，也依旧觉得自己在班主任的岗位上贡献颇多。即使最后效果明显不尽如人意，他还是要宽慰自己一句——没有功劳，还有苦劳。"

在班主任工作中，你站得多高，看得就有多清楚。我们之所以对一些事情固执到可怕，是因为自己站位太低。站在人群中，你可能听到有人在骂你；站高了十米，你可能发现那些人只是在说话；站高了百米，你都看不见那些人了，眼里满是风景。人就是因为看不清问题，于是判断也出现了问题。不同的高度，不同的思维方式，不同的关注点，于是就导致不同的效果了。

思维构建，就是在分析问题的时候，一步一步思考。一般说来，班主任的思维构建是为了寻找现象背后的"为什么"，看清推进问题的动力，为解决问题找到有效方法。

班主任需要构建多样化的思维，用不同的思维形式，在不同角度面对不同的问题。在工作中，我们一般重视四种思维：结构思维、理性思维、因果思维、逆向思维。

一、结构思维：我和谁站在一起

教育中的问题，主要有三个组成因素：班主任、学生和问题。这三个问题分成几类，谁和谁站在一起，决定着教育的效果。

很多班主任一遇见问题，就会马上找到学生，然后问他："出什么事了？为什么会这样？到底问题在哪里？我们要怎么解决？"可是，无论怎么用力，似乎都不能合理解决问题，有的时候甚至会恶化问题。很多老师不得其解。

原因其实很简单，就是人的结构思维出现了偏向。结构思维具体表现为"我和谁站在一起"。就是说，在解决问题的时候，班主任到底是和问题站在一起面对学生，还是和学生站在一起面对问题呢？这看起来很简单，却导致了不同的后果。

（一）和问题站在一起，忽视了学生的努力

和问题站在一起，其实就是和问题一起面对学生，就是在解决问题的时候，满眼都是学生的问题，然后对学生说："你是一个有问题的学生，你出现了这样的问题，你的表现因为这样的问题变得不好了。"此时，我们看到的都是学生的不好，他所有的努力，都会因为这样的问题而被忽视。

其实，一个人在成长过程中，会努力也会放弃，有成功也有失败。我们如果将注意力放在"放弃"上，就会忽视努力，就会忘记学生在这个过程中做了什么，只关注他的失败。譬如，在一次拓展活动"人体浮桥"中，孩子们要从由同学肩膀上扛的木条组成的"浮桥"上爬过，一个孩子晃了一下，结果受到了老师的严厉批评，直到他泪流满面。在批评的过程中，该老师用尽各种言语，扣上各类大帽子，这就是典型的和问题站在一起。在这个过程中，没有人看到孩子的付出和坚持。仅仅是因为晃了一下，以及想象的可能的危害性，就否定了他所有的努力，也否定了这个孩子的未来。

（二）和学生站在一起，奠定解决问题前的安全感

另外一种做法是和学生站在一起面对问题，就是在遇见问题的时候，和学生共同认识问题，引导他们思考，一起去面对、解决问题。在实践中表现为，出现问题的时候，老师总是能先稳定学生的情绪，然后对学生说："没关系，我们遇见了问题，但是相信办法一定比问题多，我们一起来分析问题，然后再一起解决问题。"然后，引导学生从多个角度认识问题，并启发他思考解决问题的方法。

我们和学生站在一起面对问题时，带给学生的不仅仅是问题的解决，更是安全感的建立。譬如，那天历史课上的小张……

今天，历史课的内容是"年代尺"，我将课堂教学过程分成了三步：厘清史实—寻找时间—建立联系。为了更好地切合实际，帮助孩子们理解，我将史实替换为孩子们人生经历中的"重要事件"。

"第一个问题，说说你生命中重要的十件事情！"孩子们在我的提问中陷入了思考。

对于每一个孩子来说，在过往的十多年里，肯定有很多事情值得纪念，所以，我给了孩子们几分钟时间思考、整理。从他们的脸色变化中，可以看出这是一个严肃的问题。等到他们的脸色开始舒缓，脸上的表情开始丰

富，我知道有答案了。

我让诗乔讲，她谈起了她遇见的老师、令人崩溃的考试、出生的故事……很多人感同身受，脸上都露出了微笑。

我让芯孜讲，她说起小学的朋友、自己的困惑、父母的疼爱等。

这时，我看到了一个女孩躲闪的眼神，我忽然很想知道：这个从国外回来的孩子，她生命中的十大重要事件到底是什么呢？

我邀请她分享。

她站起来，有点迟疑。"我去国外，离开国外，然后，然后……"她开始说不下去了，有点哽咽。我知道，她想起了自己从国外回来的时候遭遇的磨难。在那次生病中，她失去了很多。她站着，泣不成声。"没事，缓和一下情绪，平复一下。"我趁众多孩子还没有完全反应过来的时候，轻拍她的肩膀，然后请她坐下。

我的手就放在她的桌子上，继续讲课。

没有想到，我手上一紧，她抓住了我的手指。

我能感受到我的手指被紧紧地抓住，我能感受到她真的很难受，我能感受到她的情绪有点崩溃。于是，我站在她的身边，任由她抓住我的手指，一直抓着、捏着，而我脸上保持着笑容，还在自如地讲课。竟然没有孩子发现这个异样。

说真的，对她的遭遇我很心疼、特难过，但是我知道，她应该要过这一关，应该坚强地面对、接受。我也相信，这样的过程将会成为她未来成长中最大的财富。

几分钟后，她的手逐渐放松了，我知道她的情绪在逐渐平稳。我轻轻地抽出了我的手指——她抓的是我的食指，已经红肿了。我瞄了一眼，怕她尴尬，就不动声色地将手插入裤兜了，然后，继续讲课。

这个过程不长，就几分钟，她已基本调整好了。

在成长中，每个人都会经历一些痛苦的事情，但是，我们需要在这些经历中获得应该有的价值。如何才有价值，如何才能获得，这是我们需要思考的。

说实话，小张现在很阳光，很努力，只是在跨出过往的时候，还有一点悲伤，还是无法很快地走出来。但是，我们都不担心，因为要走出来，需要时间，更需要有方法、有人帮助。

所以，我对她说："每个人在成长中都会遇见许多问题。当你逃避的时候，它永远都在，而且经常会出来'骚扰'你；当你去面对时，它会被你战胜，成为你进步的台阶和荣耀的勋章。所以，不要担心有问题，只要我和你站在一起面对它，就会有天晴的那一刻。"

她很感动，泪如雨下。

和学生站在一起，就是在他的表现中看见他的情绪、他的内心、他的需要等，并根据他的表现做出相应的反应。当我们以这样的方式解决问题时，注意力就集中在学生的经历上，我们会看见学生的行为、看见学生的努力，并在分析的过程中知道学生为什么会失败、到底有多少种原因。这时，思维的重点就不一样了，从原来单一地看问题，变成现在多角度综合地认识问题。

和学生站在一起，学生的成长过程就得到了合理的关注。譬如，我们在看待浮桥问题的时候，首先应该关注发生了什么、当事人态度如何，然后一起分析为什么，最后寻找解决问题的办法。在这个过程中，老师始终理性地看待问题，站在学生的身边和学生一起面对问题，将会让学生更直接地看见自我的不足，完善自我。

二、理性思维：从具体向抽象的过渡

我们解决一个问题有两个方向，向上是建立目的，向下是寻找做法，也就是说，所有解决问题的过程都是建立在"目的"基础上的"做法"寻找。如果我们固定在"做法"之上，看不到"目的"，那么具体的做法之间是没有逻辑的。

做法是具体的，目的是抽象的。其实，我们只要根据理性思维，建立认识问题的层次，思考从"具体走向抽象"，实践从"抽象走向具体"，就可以建立逻辑了。在这个过程中，需要重视三个问题：第一，思考分成五个层次，分别是"目的—目标—任务—要求—安排"，自上而下分解；第二，任何主题解读，都源于遵照此层次，并弄清层次之间的关系；第三，对后三个层次的具体内容，要根据前面两个层次的"目的"和"目标"进行整合。于是，认识问题就有的放矢了。

（一）理性思维的开始是从认识具体现象到寻找问题的核心

同样的问题，经过不同班主任处理，结果肯定不同。固然有老师素养、处事风格不同等原因，但更重要的是，优秀的班主任处理问题时第一眼看到的并不仅仅是问题，更是问题的核心，就是决定问题发展的"品质"。

看见"问题的核心"，这是透过现象看本质的过程。它分成三个步骤：认识具体现象—分析现象特质—寻找问题核心。

譬如，运动会的安排：

认识具体现象，就是根据对学校的各种安排和班级要求的认识，从宏观上、全局上认识运动会的要求、表现和结果。通常，在准备运动会的时候，老师们只是让大家踊跃参与，奋力争先，希望能够获得好成绩。但是，很多老师事后反思，并没有达到自己想要的教育效果。他们反映了三个问题：为什么反复鼓励，还是有孩子的主动性和参与性不足？为什么团体活动中总有一些孩子在拖后腿，成为教育的真空地带？为什么孩子们的关注点只是比赛，而不是要成就什么样的班级、成为什么样的人？

分析现象特质，就是归类具体现象，以现象的共性、特质作为类别，简化具体现象。这三个问题背后蕴含的信息是：第一，在教室里有两种孩子，主动的孩子不需要此类教育，被动的孩子在这次教育中没有受到影响；第二，拖后腿的孩子是教育的重点，但是我们会因为那些主动的孩子忽略拖后腿的、被动的孩子；第三，孩子们的关注重点在具体的比赛中，我们要"嫁接"比赛和成长之间的关系，如果我们厘清比赛和成长之间的关系，引领比赛的教育价值，那教育效果就达成了。

寻找问题核心，就是看见现象背后的行为动机、认识动机，顺应逻辑，推动问题解决。基于逻辑，从"目的"来说，想要培养一个德智体美劳全面发展的人，我们制定了"运动会获得团体总分第一"的"目标"，在此基础上，我们以"任务"形式分解目标。根据运动会总分计算的方式，我们了解历届总分第一的班级的基本分数；根据本班同学的运动能力，选拔运动员；给每个运动员定小目标；观察运动员的运动状态，开会，提出"要求"；制定激励机制，激发运动员表现出更好的状态；制订训练计划和挑选负责人。最后就是针对"任务"和"要求"的行动"安排"了。这样的"安排"建立在五个层次的逻辑上，体现了操作的可行性。我们将理性思维的操作具体为五个层次，明确了主题从一个点走向一个层面的过程，目的就是理性思维的核心。

（二）理性思维的表现是以专业方式看见学生需求

理性不仅仅是冷静地看问题，更是从专业和科学的角度思考问题，关注问题中的"人"。当我们面对一些很有个性的学生时，我们该怎么理性地看待？

> 我不知道该怎么评价小黄，这是一个第一眼就让人心里感觉很沉重的孩子。他是一个在开学第一天用令人难以置信的理由解释自己为什么迟到的孩子。他告诉我，他们家和学校之间一个小时只有两趟公交车，他错过了第一趟，然后等后一趟，于是就迟到了半个小时。但是，我发现他家离学校并不远，如果走快点，甚至连十五分钟都不用。我想要"揭穿"他，忽然感觉有什么不对劲。从进门到现在，我们一直在对话，但是他的头从来没有抬起过。
>
> 我以为是我让他难堪了。于是我就带他来到教室门口，想问问具体的

原因，但是他依旧低着头。

"抬头看着我说话！"我对他说。但是，他只是稍微抬了下头，马上又低下去，还是不说话。

我有点担心，感觉这是一个不同的孩子。我把所有的话都憋了回去。忽然他抬了一下头。在他看我的一刹那，我读懂了他的眼神，有仓皇，有恐惧，有担心，有无助。我从来没有见过这么复杂的眼神。

我伸出手，摸摸他的头："我相信，这是你最后一次迟到，对吗？"

他有点不解地看了我一眼，然后又低下了头，似乎又想起了什么，点点头。

我让他回教室了，他依旧低着头。我提醒了一下，他似乎好了一点点。也许，我的宽容，让他觉得环境似乎还"可以"。

看着他，我心里就像堵了棉花一般，很不是滋味儿。我能判断，这样的孩子，生活是很不"简单"的。从幼儿园到小学，长达九年的时间，他到底经历了什么呢？我不敢想象，我担心知道得越多，心里会越难受。

我联系了家长，他妈妈在微信里说了两件事：第一，孩子从小就是在托管班长大的，也不知道托管班是怎么对待他的；第二，孩子在民办幼儿园全托时，不太愿意洗头，老师就一直强按着孩子在脸盆里洗，导致孩子现在不喜欢抬头。我的眼前浮现起一个只有五六岁的孩子哭喊着被按住的情形，整个场面泪水横飞，责骂漫天。

也许在此后还发生了很多事情，只是他妈妈不清楚而已。我让她继续去了解到底发生了什么，看看我是否能够帮助到他。

他妈妈后来说了一句话："孩子好像并没有太多的感觉，我不知道他是习惯了，还是忘记了。我想，最好是忘记了。"看到这句话，我没有回复。我知道，孩子根本不会忘记。所有的人，对于伤害，都是难以忘记的。其实，很多人都不懂怎么样教好一个孩子，家长是，老师也是。

我想说，很多孩子其实是被教坏的。所有的人都要改变他，可是没有人接纳他。教育只能顺势而为，可是那么多人想要"逆流而上"。

我想了很多。

他总是低头，总是被否定，总是被强迫，从这些现象的背后，我们看不到他的价值。他并没有在生活中找到价值感，更没有被承认的归属感。时间长了，他发现只有自己能够心疼自己，于是不想再看这个世界，他"低头"只是想要看见自己。

这些现象反映了一个孩子内心想要被认可、被关注的价值感和归属感的需求，同时也给教育提供了方向，引导我们选择适合他的方式，从关注他的存在开始，去唤醒他的价值，去承认他的优秀，直至完成教育过程。

（三）理性思维的实践是根据学生的需求找到亮点并种下期待

一个人的成长是，看见自己是可以的，看见自己是可能的，这是价值感和目标的综合。理性思维运用在实践中就是找到人的亮点，并为此种下期待。无论是闪光点还是期待，都并不是老师"自以为"能做的，而是学生本身表现出的"内心需要"。

吃完午饭，我在回办公室的路上遇见了他。

我正和同事边走边聊当下的学生："其实，很多孩子真的是被荒废的，家长、老师都是有责任的。"他也跟在旁边认真地听着。

我忽然一把把他拉了过来："其实，你也是一个，知道吗？在我眼里，你就是一块未经雕琢的璞玉！"

他愣了，用一种完全不相信的眼神看着我。

我继续说："你看过很多书，知道玉是从石头中出来的，对吧？"

他默默地点头。

我接着说："但是，有的石头在有些人眼里就是普通的石头，在有些人眼里却是价值连城的玉。通过几天的观察，我觉得你就是一块未经雕琢的玉！"

他继续用一种不敢相信的神情看着我。

"相信我，也相信我的能力，我会把你从石头中剖出来的，我会让你看到你自己最好的那个样子！好吗？"

他那几乎不抬起的头，忽然就抬起来。他用很热切的眼神看着我，然后，用力地点头："好！"没有很华丽的辞藻，也没有很动人的话语，他就这样答应了。

我用力地拍拍他的肩膀："加油，小男人！"

他笑着跑了，原来他真的会笑，而且是笑得很开心的那种。

第二天，小黄迟到了二十分钟。

他说过，上一次迟到是三年中的最后一次，但是今天又迟到了，而且是二十分钟。家长"追"了一个短信，大意就是早上出来找不到同学顺路的车，然后早高峰又打不到车，所以……

最后，家长很直接地说，早上小黄被她大骂了一通。我长长地叹了口气。小黄之所以成为今天的样子，就是因为过多的责备、没有温暖的生活，让他总是面对孤独。这样的环境怎么会让人有勇气继续努力呢？

和小黄谈话是需要耐心和毅力的，他犯了错误就会回到原点，还是那样低头、不说话、不肯看人，我只能不断地提醒："把头抬起来，好吗？"可是，他抬起来又低回去了。

"我说过，你是一块璞玉，是一块隐藏在石头中的玉，对吗？"

听到这个，他开始抬头了。

我也知道一切都不能着急，还是要慢慢来，过于着急往往会影响到他的状态，甚至让他完全放弃。

这个时候，我相信他可能也是在"试探"我，在"试探"我对他的耐心和决心。相信在他的过往中，肯定有很多人看到他的优点，懂得他的希望，想要帮助他。每一个人一开始都带着无上的爱心站在他的身边，但是，当问题重复出现的时候，很多人就失去了耐心，有的时候，甚至会质疑，会生气，会讽刺，会责备。在孩子的眼里，这些"恨铁不成钢"的表现，其实就是成人对他完全失望的表现。这个时候，他就会这样想："其实，那些所谓的好，不过是装出来的而已，他们不过是为了自己的利益，并不是真心想要帮我的。"

所以，我明白他会怎么想，我不能着急，甚至不能有情绪。我知道，和他之间是有一场"持久战"要打的。这个过程让人很纠结，既挑战耐心，也挑战能力。

"我记得我和你说过，你是一块未经雕琢的玉，当下还是身在石头中。"

他默默地点了点头。

"说实话，一块石头是没有太多价值的，即使里面有玉，因为，别人看不到呀。所以，要想有价值，就要让人看得到。可是，怎么让人看到呢？要经过打磨，把外面的石皮慢慢地磨去，那一种痛苦的打磨，才是呈现亮丽的玉的过程。"听到这里，他眼皮动了一下，看我一眼，然后又低头了。

这孩子，有时候还真是可爱。

我接着讲："玉石是这样，人也是这样的。什么是真正的人的价值？你的阅读量、你的理解能力、你的冷静，都是玉呀！"看我说了那么多优点，他低着的头，明显又动了一下，但还是没有抬起来。

"怎么让它们显示出价值呢？那就是改变你自己！要注意这两个字——改变。把自己不优秀的方面去掉，只有这样才能真正显示你的价值。要想成为玉，不是一种口号，而是一种行为。什么样的行为呢？就是——改变！要改变，明白吗？记住这个关键词！"我很用力地拍拍他的肩膀。

他被我吓了一跳，但是明显听懂了我的意思。

"改变自己！而不是仅仅停留在喊口号上！听着，小黄，我忽然很期待你成为玉的那一天了！那个时候的你，光芒四射。"我知道自己的眼神里，满是期待和向往。

这个时候，我忽然看到他又笑了。

天，他竟然笑了！那么久以来，只有一个表情的他，竟然又笑了一次。

"你笑起来的时候，好帅！"我告诉他，"我很开心能看到你现在的状态。"

他回教室了，我在门口陷入了思考。我明白，他笑了，因为他也看到了自己的未来，看到了玉的成型。真的，有一点改变了。

他的闪光点和我对他的期待融合在一起，满足了他的内心需求。

三、因果思维：我站在问题的哪个方位

看一个问题有三个方位：问题本身、内在原因和外在表现。问题本身就是"是什么"，是问题的内容；内在原因就是"为什么"，是问题的形成原因；外在表现就是"怎么办"，是问题的解决办法。

影响问题的主要是"为什么"和"怎么办"。"为什么"是"因"，"怎么办"是"果"，看见"为什么"和"怎么办"在实践中表现出来的联系就是因果思维。班主任站在哪个方位，就代表了他的思维重心在何处。从逻辑上来说，"因"决定了"果"，"果"反映了"因"。解决问题只有从"因"入手，才能看见"果"。

（一）站在哪个方位决定了有什么效果

很多老师遇见问题的第一反应是"怎么办"，这就是站在"果"的方位，想要获得问题的解决办法。譬如，班主任们总在咨询我以下各种问题：我班孩子的父母都不配合教育，怎么办？孩子总是迟到，怎么办？孩子就是不做作业，怎么办？言下之意就是希望能给他们方法，让他们马上就可以用。我提供了尽可能多的方法，希望他们可以根据孩子的特点进行合理的调整，但是，不久后，

我听到的是——还是没用。

站在"果"的方位，我们获取了方法，就想拿着一把钥匙去开所有的门。但这个世界上有万能钥匙吗？总是站在"果"的方位，是因为班主任的功利心和对问题的简单化认识。

换个方位，如果我们立于"因"，遇见问题的第一反应是"为什么"，那么处理问题的过程是不是不同呢？可以设想，如果开始问了"为什么"，那么接下来的问题就是："到底有多少因素影响这样的现象？最关键的因素是什么？它是否决定了整个问题的发展？这个原因反映了主体的正向动机是什么？根据这样的动机，我们应该选择什么样的方法？"在这个推理过程中，我们看到的不仅仅是原因，更是在此基础上的方法。这种针对性地解决问题的方式，就是因材施教，往往能有比较好的效果。

（二）立于个人之"因"，见成长之道

在因果思维中，重视"因"，我们会分析问题的原因，从学生的需要出发，并找到合理解决问题的方式；重视"果"，我们将只想看到解决问题的方法。

1. 因果思维让我们看见"果"之后一定有"因"

没有无缘无故的问题，之前所处的环境、遇到的人和事，这些就是"问题"的"缘故"，就是产生"果"的"因"。

> 回到小黄身上，他的经历又是什么样的呢？小黄的当下，让我意识到了他过往的"丰富"。看到这样的孩子，我就想起了当年自己最狼狈的时候，总想着能帮他一把。虽然我预想了自己这三年会和小黄一起"熬过"，但是心里很坚定，没有任何烦躁的情绪。这不是高尚，而是一种感同身受。
>
> 小黄妈妈对自己孩子的状态也是很清楚的。所以，我们都没有逃避。
>
> "老师，不得不说，您中奖了。小黄竟然在您的班级里。其实，他也是中奖了……"（这里省略了大篇幅的介绍。）小黄母亲原先几乎要放弃对小黄的教育了，没有想到小黄初中被分到了我的班，明显地，她的心里又

唤起了一点信心，所以，就给我发了一条长长的信息。

小黄妈妈一直在忏悔。小黄小时候，她就把孩子送到了托管，结果幼儿园的老师用暴力逼着孩子洗头；小黄很孤僻，小学老师几乎放弃了他。而她因为工作繁忙，一直以来对于孩子的教育很焦虑，没有耐心。于是，暴躁、无语、痛苦等所有的情绪纠结在一起的时候，她就直接崩溃了。面对孩子一次次地不听话、一次次地对她置若罔闻，她很多时候暴跳如雷。于是，一切都在恶性循环。

小黄到班里已经两周了，出现了各种问题：上课一直低头，平时不参与活动，总是在走神，总是不搭理人。这让我有点难过，但我还是接纳了他。在这么多"不正常"的事情中，我努力看到其"正常"的表现，并坚信这就是小黄可以改变的前提。

有一天，小黄妈妈忽然告诉我，小黄这两周回到家开朗了许多，和她说话的时候，也会经常笑了。她经常问小黄："为什么这么开心呢？是不是方老师和你说什么了？"但是，小黄什么也不肯对她说。

我明白，这是因为小黄对她还没有太多的信任，虽然她是母亲，但是长期缺失的家庭教育，让小黄感受不到在意。只是有些话，我不能说，也不想说，一是因为我尚未足够了解她，任何的刺激都可能恶化她的教育方式；二是因为小黄的行为和思想，更会成为恶化她认识的根源。所以，我微笑着继续听，不做任何评价，反而突出小黄的性格开朗是进入初中后发生的改变，这让她对小黄的改变充满了信心。

任何一个孩子的问题都不是一朝形成的。多年来各种因素聚合，想要小黄马上改变是不可能的。说实话，就是通过三年去改变，我也没有太多的信心。毕竟他从出生开始，就经历了一种让人无可奈何的环境，短短的三年，有限的时间，难度实在太大了。

所以，我对小黄妈妈说："他的问题很难，但是我不会放弃。我想告诉你，第一步，我想用一年的时间，让他抬起头来。只是我不知道这一年够不够，但我还是要试试看。"

小黄妈妈也理解我的意思，很感动地说："老师，没事的，我不着急，真的不着急。您放心，我也一定努力。"

我笑着说："我就提一个要求，别对他发脾气，他已经经不起任何指责了，好吗？！"

小黄妈妈没有想到我这么为小黄着想，眼眶湿润了，用力点点头。

可是，我的内心不知道为什么，还是没有太多的信心，可能是对小黄，更是对小黄妈妈，也许还是对自己。但是，事情是一定要去做的，让一个孩子抬头，这一年，我要做好多事情呢。

我得想想……

2. 只要找到关键的"因"，就能推动美好的"果"

理性的成长是和感性的认同相联系的，一个人的成长是理性的，包含着规划、分析、定位；同样，一个人的成长也是感性的，爱和肯定是动力。理性和感性融合，是为了找到学生成长关键的"因"（宛如找到一件事物的"重心"），用有限的力量，最优化教育过程，达成良好的教育效果。

小黄参加的学校剪纸社团的老师给我发微信，说上课时找不到小黄了。我知道他的习惯，他可能在哪里先逛一下，然后再到约定的上课地点。可是昨天的地点变了，在老师们带着大家换教室的时候，他还是没有到。我只能和老师说等等，再等等，他也在找呢。过了一会儿，老师说，已经找到他了。

我能够想象懵懂的他，一脸茫然地看着满教室的人的样子。

一直以来，我都舍不得责备他，是的，就是"舍不得"。

看着他开学以来的进步，我真的满心欢喜。从原本的戒备，到现在的放松；从原本的抗拒，到现在的接受；从原本的封闭，到现在的开朗，他逐渐打开了自己。

说真的，我喜欢这样的孩子——在努力，又坚定，奋发向上。

所以，开学以来，我一直在体验着帮助他而产生的快乐。

剪纸课结束，他先跑到了我的办公室，站在我旁边，手里拿着一朵自己在剪纸课上做好的纸花。说真的，这花很细致，很漂亮。他把花放在一边，然后想和我说话。

我以为他是来和我说明自己迟到的原因的，就先开口了："小黄，你到底去哪里了呀？怎么我们都找不到你呀？我都差点想报警了呢！"我开了个玩笑。

"哎呀，就别说这个了！"他忽然笑着对我说，那纯真显露无遗，"我去找了，但是教室换了，我真的不知道该去哪里了！"纯真的笑容背后，是无奈。但是，刹那间，我被他的笑容打动了。说真的，我没有见过他这样的笑容。

"后来我找了好久，直到遇到一个小学同学，在同一社团的，他知道换教室了，才带我去的。"他有点懊恼。

问题已经清楚了。我看到了花，随口问了句："这花是你在课上做的吗？"

"是呀！怎么样？"他问我。

我拿出了一本家校本。

"我发现，你真的很优秀呀。你看，还有这个……"说着，我翻出了家校本上写的一段文字——"表面看到的，就是真的吗？"小黄，他真的很厉害，他的阅读量和阅读深度是我们班大部分人都不及的，他的写作也因此独具风格，文笔很好。像上次的仿写，全班只有他一个人是"优+"。

"那么优秀的你呀！真看不出呢！"我很"惊讶"地说。

"嗯……嗯……"他挠着头有点不好意思，但是那种神情明显就是得意。

"其实，我在想，我答应过你妈妈，要用一年的时间让你把头抬起来，可是我怀疑自己的话了，这么优秀的你，需要用一年的时间吗？"我疑惑地说。

"不用吗？不用吧！"他虽然说得很犹豫，但是语气很肯定。

"是呀，我也觉得是这样的。"说着，我话锋一转，"要不，我们试试看，不用一年的时间，再过一个月，我们就解决问题，好不好？"

"好！"他很肯定地回答。

"不过，现在老师也不好意思总是提醒你抬头看黑板。要是你接下来还出现这种问题的话，我就叫'小黄'，好不好？"

"啊？！"他似乎没有明白。

"这个就是我们两个人之间的暗号，只要我叫'小黄'，你就抬头看黑板。"

"好！"他似乎因为这个默契，心情又愉悦起来了，"那我先走了！"

我点点头。他走的时候，转身和我打了招呼。一个月以来，这是他第一次主动和我打招呼。

其实，事情比我想象的要好得多。

社团老师发微信问我："小黄有把花送给你吗？"

"啊？什么？"我愣了下。

"小黄做了花，下课就往你办公室跑，走的时候，丢下一句话，说要把花送给方老师。"

我呆住了，鼻子很酸，眼泪止不住了。我赶紧低头，怕被人看见。

原来，攥在他手里的那朵那么美的花，是送给我的呀。真可惜，我完全可以从这朵花开始，和他进行一次非常愉快的谈话，却因为我喋喋不休，总是想要在教育中把握主动性，错失了一次绝佳的机会。

但是，我仍旧感到高兴，虽然我什么都没有收到。

3. 构建因果思维的终极目的是把认知变成行动

思维的建立是对问题发展过程的认知，但只有融入行动之后，才能发挥思维的作用。只有当我们看见成长的过程，采取教育行为后，一个人的成长希望才会被发现。

和小黄之间的事情，从来不能按照常规处理。也许是因为他从来不按常理出牌，也许是因为我不喜欢走寻常路，总之，我们之间就是一个锣鼓一个槌子，双方对上了。所以，如果用软硬兼施的方式，就不会达成效果；如果开几句玩笑，往往还能激发他的积极性。

下课了，他站在我面前，来解释为什么他今天的作业会出现问题。这也不是什么新鲜事情了，哪天他要是没有作业问题，我只能说，那倒真是意外了。一个多学期以来，无论我采用什么样的办法，结果都一样。如果软一点，问题照旧；如果硬一点，那就连对话的机会也没有，只剩问题了。长期以来，我的心理也在不断适应着。

在多样方法用尽的时候，他却有点退步的感觉。家长都开始厌烦对他的教育了，但是，我仍然在尝试着用不同的方式帮助他。

看着眼前又来解释自己所谓"原因"的他，我有点崩溃，但是我只能尽力控制。我知道我当下所有的情绪和不良语言，都可能对他造成打击。这样的孩子已经很可怜了，我舍不得继续让他陷在那样的困境中。

"作业又出问题了？"

"嗯，这是因为……"

"别说了，如果没有新理由的话。"

被我拆穿的他，很尴尬地笑了笑，涨红着脸，抓了抓脑袋，没有说话了。

我忍不住说他："你呀，多少次了啊，总是有作业的问题。你每次解释的原因，也够写一本书了，我该怎么办呢？"

他无言地看着我，周围的空气仿佛凝固了。我知道，他进入第三个阶段了。(一般说来,他对付我有三个阶段:第一个阶段是解释,第二个阶段是不好意思,第三个阶段就是沉默。)

我看着自己正在吃的小饼干,忽然一把拉住他,揽住他的肩膀,手拿着一块小饼干,然后大喊一声:"大胆毛贼,竟然屡次犯我班班规,实在不可饶恕。来!且吃了这颗我费尽心思炼成的'毒药',24小时之内如果没有解药,你就死定了!"

他一愣,然后就蒙了,不知道我想干吗。

但是我没有"放过"他,右手一揽,拿着饼干就往他嘴里塞,一边说:"哼哼,药效极好,等着毒发身亡吧……"

他抗拒着,闭着嘴巴,头还左摇右晃的,这个样子实在让人感觉我在逼他。

但是,我是不会让他"如愿"的。

于是,我手上加力,将"毒药饼干"塞入他的嘴里,然后像武侠小说里写的一样,合上他的下巴,来回几次,看着他吞下去。

"这颗药叫'百转还魂丹',是我花了十年时间研究出来的,专门对付不写作业的人。如果24小时之内,作业没有交全的话,你拿不到解药,估计就会毒发身亡了……"我一本正经地瞎掰。

他的神情和动作配合得极好,一惊一讶的神情,慌乱的手脚,都诠释了这颗"毒药"的价值。

"去吧,看你明天的作业,再决定是否救你!"

他若有所思地走了。

我看着眼前剩下的饼干,看来还要留点到明天当解药呢。

……

后来几天,课代表送来的作业汇报单上面都没有小黄的名字。

我笑了,有点得意,这是看见了"因果"吧。

综上，我从"表象—动机—教育"三个层面，结合学生的成长环境，分析问题行为背后的动机，最后得出结论。三个层面，由表及里，寻找影响问题的核心，看到行为和原因之间的逻辑。

（三）立于班级之"因"，寻班级之路

在班级建设中，我们如何立于"因"，因材施教呢？带飞扬班（2010—2013）的三年，我运用"因材自教"班级运行系统，实现了学生的自我驱动成长，取得了较好的成效。

"因材自教"是一种针对学生资质、能力的集中表现，由学生根据自我特长选择成长资源，主动地自我教育，实现自主成长的带班方式。从结构上来看，"因材自教"系统的操作由"资源选择"和"评价方式"两个方面构成。其中，资源分为个

人资源和公共资源两个部分，分别体现个人成长要素和班集体建设要素。评价方式方面，学生通过"实践资源"获得飞扬币，并以飞扬币在班集体建设中的流通使用推动"因材自教"系统运行。

1. 以个人资源推动学生个体成长

班级的发展以学生的个体成长为基础，因而我在"因材自教"系统中设计了"个人资源静态定向运行"模式，即学生根据自我兴趣、特长、喜好等多方面因素，自我选择个人资源，独立完成资源要求。

个人资源分为学习资源、行为资源两部分：

学习资源从学习过程和学习结果两个方面来界定。我以学习态度作为学习过程的资源，以对考试和作业的要求作为学习结果的资源，在学习资源指标之下设立了3个二级指标；在这3个二级指标之下分别设立3个、3个、10个三级指标。从资源量的分布看，学习过程的个人资源有10项，远远大于学习结果

的 6 项，这充分体现了对学生学习过程的重视，也体现了班级发展的公平性。

行为资源注重培养学生的与人行为和与己行为。行为资源下设团体行为和个人行为 2 个三级指标，分别对应设立 6 项和 4 项个人资源。差不多的资源量设置，表明我们既重视个体独立发展，也重视团队合作。学生行为培养是学生走向社会的前提，学会如何对待别人和如何对待自己是培养的主要内容。对待别人是与人行为，也就是团体行为，包括如何相处与合作；对待自己是与己行为，也就是个人行为，包括自主、自立、自强等诸多内容。

对每一项个人资源都确定资源的实践要求、步骤和结果，这是指导学生有效实践资源的助力。例如，对个人资源"错题本"的要求中规定：数、英、科各学科一本错题本，每周完成 10 题以上（每月自我申报一次，以日期为准）。从时间、科目等方面在横向上提出具体要求，让学生明白实践过程。同时，从纵向上提出"错题本分四步走"：抄错题—析原因—订正题—写反思。从横向、纵向规范实践资源，对资源进行明确的分析和解读，能让学生明白资源"是什么、为什么、怎么样"。最后，根据学生完成每一项资源的难度大小、资源的容量、资源的特点等，设定不同的价值，学生实践资源，完成任务以后，就能获得相应价值的飞扬币。

飞扬班"因材自教"运行系统——个人资源（2010—2013）

序号	资源分类	个人资源	实践要求	界定	价值
1	学习资源	考试	测试得满分	每一次考试获得满分后，将会有相应的价值体现自我努力成果。（考试级别：阶段测试）	发展	200
2			测试成绩超过 95 分	每一次考试超过 95 分（包括 95 分），将会有相应的价值体现。（不包括作业评分）	发展	100
3			考试进步	按照段学业考试进步的名次，乘以 10，作为奖励的飞扬币数。	发展	×10
4		作业	完美的作业（周）	作业整洁，准确率高；没有错题，并没有明显的涂改痕迹。（每周自我申报一次，按单门学科计算）	得宜	100

续表

序号	资源分类		个人资源	实践要求	界定	价值
5	学习资源	作业	主动做课外习题	在平时学习之余，针对课堂问题主动做课外习题。（每周申报一次，以完成本周教学任务为准）	发展	100
6			预习、复习（周）	每天完成预习和复习，在记录本上写下预习和复习的思考。	得宜	100
7			"胸怀天下"活动	参与每节课前的主题讲话，根据班级博客上的电子稿进行材料整理。	发展	100
8			错题本	数、英、科各学科一本错题本，每周完成10题以上。（每月自我申报一次，以日期为准）	得宜	250
9		学习态度	学习有计划	学习有计划，包括早读、午修和晚自习计划。每周一个小计划，每月一个中计划。（月初、月末检查）	发展	150
10			主动参与比赛	参加各级比赛，获得一、二、三等奖，可按照比例获得飞扬币300、200、100不等。市级加倍。	发展	获奖
11			帮助他人学习	每位学生找学习相对较弱的同学组成共同体，共同制定目标，记录共同努力的过程。（每周自主申报）	发展	100
12			主动提问	在学习中，课前认真思考，上课主动提问。（每周提问5次方可申报，以自己记录为准）	得宜	200
13			自学课上主动学习	在自学课上自主学习，不交流，遵守规范。（每周自主申报一次）	得宜	100
14			遵守课堂纪律	课堂学习主动，紧跟教学步伐，不做任何和课堂无关的事情。（每周小组之间自主评议一次）	得宜	100
15			创新学习方法	有自己独特的、创新的学习方法，并能够介绍给全班同学。（要形成书面报告）	发展	200
16		学习态度	被夸奖（5次）	在课堂学习、生活中，被老师点名表扬5次及以上。（自我记录申报，提供材料）	发展	200

续表

序号	资源分类	个人资源	实践要求	界定	价值
17	行为资源	维护集体	对外一切行为都要维护集体荣誉。（每周自我反思一次，由内事管理员负责）	得宜	200
18		与人合作	对于他人请求，主动帮助，共同合作。同时，对于集体和个人事务，以合作，求双赢。	得宜	150
19		准时参加活动	参加学校活动不迟到，在规定的时间内准时参与。（以外事管理员记录为准）	得宜	150
20		控制音量	在公共场合不发出较大的声音和响动。（以不影响别人为标准）	得宜	150
21		小组成绩进步	考试后，小组整体成绩有进步，以排名最后的学生的进步名次作为全组的奖励标准。	发展	×10
22		配合大总管管理	对于大总管已经做出的最后决定，无条件配合并积极主动地实践。	得宜	150
23		注重个人仪表、卫生	以中学生行为规范为基准，符合学校的中学生行为标准，讲究个人卫生，承担相应的卫生工作。	得宜	100
24		有序的课桌摆放	桌椅和桌上的物品摆放井然有序。（内事管理员随时进行抽查）	得宜	100
25		控制情绪	在生活中能够控制情绪，不在情绪激动时做出决定。	发展	200
26		诚实	在学习、生活中诚实守信，严守自己的道德底线，并能够指出他人的不诚实之处。	得宜	500

譬如，"因材自教"运行系统中个人资源第5项规定"主动做课外习题，每周奖励100飞"。因此，结合学生需求，让每一个孩子自主练习，这是"因材"选择个人成长资源的过程。孩子开始自主练习的时候，会受到老师表扬（加分），成绩会取得进步（加分），同时还会出现问题，并衍生了问老师问题和得到老师表扬的机会（加分），这就唤醒了孩子自主成长的欲望，为孩子的成长奠定了基础。这就是"自教"的过程。

2. 以公共资源推动学生合作交往

班级的发展同样离不开学生的集体合作,因而飞扬班"因材自教"运行系统还设立"公共资源"以培养学生的合作能力。公共资源主要源自教室中需要相互沟通、相互合作的资源,孩子们通过实践它们,与同学交往和合作,促进班级发展。

公共资源具有如下内容特点:

第一,公共资源根据班集体建设的需要,设立资源建设和责任承担两个方面的岗位。资源建设岗位主要包括班集体建设中承担者需具备领导能力的一些岗位,旨在培养每一个孩子的领导能力,实现"人人有事做"的理念。这是学生主动为班集体发展辛苦付出的权利岗位。责任承担岗位分为学习资源、日常资源和卫生资源,主要包括班集体建设中承担者需具备协调能力的一些岗位,目的是让每一个孩子都成为班集体的主人,通过责任承担培养学生的协调能力,实现"事事有人做"的理念。这是学生为班集体发展辛苦付出的义务岗位。通过公共资源的实践,旨在建立一个自主运行、因材自教的班集体。第二,对每一项资源都确定资源的实践要求、步骤和结果。第三,公共资源没有规定任务承担者,旨在告诉每一个孩子,只要他喜欢,认为自己有能力承担,就可以通过"竞投"获得自己喜欢的岗位。第四,每一项公共资源都拥有相应的价值,具体要求和标准与个人资源一致。

与个人资源的静态定向运行不同,公共资源是动态的模式,各人"因材"选择,根据个人实际"自教",达成"因材自教"。

飞扬班"因材自教"运行系统——公共资源(2010—2013)

序号	资源分类		公共资源	责任要求	承担者	价值
1	资源建设岗位	集体建设	大总管(1名)	负责飞扬班管理。有计划,有目标,每周五以书面形式对下周计划进行公示,包括:下周要事、飞扬班建设工作、"飞扬人"发展工作。		1000

续表

序号	资源分类	公共资源	责任要求	承担者	价值
2	资源建设岗位	集体建设	银行行长（3名）	负责财务记录，处理客户存取款和借支事务以及合作业务。		500
3			琐事主管（2名）	记录每天发生的事情和行为，尤其是表扬、批评。分组记录。		500
4			外事管理员（1名）	负责班级与学校各处室之间的沟通。做出计划并决定行使。向大总管负责。		700
5			内事管理员（1名）	负责班级内部事务，和同学沟通。做出计划并决定行使。向大总管负责。		700
6			集体财务员	管理班费的收支并做好记录，同时对班集体上交的费用进行妥善保管。		500
7			总卫生管理员	每天对教室、公地的卫生进行检查，并及时对学校检查的结果做出反应。		600
8			纪律委员	对班集体的纪律做出相应的管理，并每周进行一次总结。向大总管汇报。		500
9	责任承担岗位	学习资源	领读员（2名）	负责学校早晨的语文、英语领读。7点20分到校，开始组织、管理同学晨读。		500
10			作业上交、难题之王（5名）	负责学科作业的上交、布置和检查，并在每月最后一周按类进行综合评定。负责"每日一题"的资源提供。（范围：出题、改题、分析、检查）		500
11			成绩记录员	自己做好记录表格，记录各科成绩，按照顺序进行排列，并向课代表反馈情况。		500
12			学习检查员	对预习和复习的情况、错题集进行检查，每周每人一次，做好检查的时间顺序安排。		500
13		日常资源	宣传栏、班报主（2名）	负责教室后面宣传栏的设计、布置和评比。（获得评比一等奖，价值翻倍）负责班级电子报的设计和出版（双旬刊，8开）。		500
14			学习效率卡管理员	负责每天中午短期和长期的学习效率卡管理和飞扬币换取。		700

续表

序号	资源分类	公共资源	责任要求	承担者	价值
15	责任承担岗位	体育带领员（2名）	负责班级的广播操、体育锻炼、体育课、运动会训练等方面的带领。		500
16		公物保护员（1名）	负责班级公物的检查、记录、保管和修理。每月做公物状况书面报告。		500
17	日常资源	电教、博主（1名）	负责班级电脑平台的保管，配合每个老师的课堂教学。负责管理班级博客。		400
18		图书角管理员（1名）	负责班级图书角的管理，记录同学们的阅读、做读书笔记情况。（每月书面报告一次）		500
19		"胸怀天下"主持人	主持每节课前的"胸怀天下"节目，并对同学的演讲稿件进行管理。		600
20		门窗（2名）	负责每天对教室的前后门和窗户进行清理、擦洗、保护和管理。（早晚）		500
21	卫生资源	绿化角、黑板、讲台、卫生角（1名）	负责绿化建设，每天对黑板进行清理、擦洗和管理保护。负责每天的整理、美化、清洁等方面的工作。（随时进行）		600
22		公地（2名）	负责每天对公地、墙裙、垃圾桶进行整理、清洁和管理。（晨、午、晚共3次）		500
23		各组卫生（3名）	负责教室某区域，保证教室整洁，每天擦洗桌子，扫地。（早扫，晚洗）		400

四、逆向思维：从角度到角度的换位

这是一个关于角度的逻辑问题。角度单一，会引发认识偏差，表述就有可能出现逻辑问题。更多的时候，我们过度依赖经验，站在自己的角度，总以为凭借自己过往的经验可以判定今天的问题，如此判断和结论就会脱离现实，就会失去逻辑。

其实，只要重视逆向思维，做到以下三点，就能够建立逻辑，准确性就会提高：一是多角度，就是不满足于一个角度，从不同的点看问题；二是换个角度，找到实质上的问题；三是站在他人的角度看问题，就是换位思考。

（一）逆向思维是多个角度看问题

在班集体建设中，有学生问："集体荣誉感的建设，我们要更重视自主管理，还是更重视管理他人？"这个问题在班级掀起了一阵讨论，有的人认为，一定要重视管理他人，因为这是集体荣誉感建设，要多关注每一个人；有的人认为要重视管理自己，因为集体由许多个人组成，自己改变了，班级也会变好。

从讨论中，我们可以看到需要厘清的逻辑，就是到底该更重视他人还是自己。其实，问题就在于我们如何理解"关注自我"和"关注他人"之间的逻辑。我设计了一个活动，从多角度分析，孩子们就清楚了。

每个孩子手里都有一张报纸，中部镂空，能够套入头。大家依次站好，用手拉着前面同学的报纸两角，环状而立或蛇形站立，然后一起跑起来。如果说保护群体报纸完好代表着维护集体荣誉，那么我们要更关注自己脖子上的报纸（自己行为）还是他人脖子上的报纸（他人行为），这就是我们定义的不同角度。

第一个角度：关注自我，在奔跑的时候，每个人的注意力都集中在自己的报纸上。于是，手上不自觉地就会出现拉扯的动作，马上就会扯破报纸。

第二个角度：关注他人，在奔跑的时候，每个人的注意力都集中在别人的报纸上。大家都会小心翼翼，每个同学脖子上的报纸也会被保护得较好。

两次体验活动后，结论直接明了：集体荣誉感建设，关键在于更多地关注他人。现实中，更多地帮助他人，将会使班级的氛围得到改善。

在逆向思维的具体实践过程中，我们从一个角度拓展到两个角度，从而明白了集体荣誉感的建设之中包含自我和他人的努力。在自我和他人之间，帮助他人才是建设的核心，所以我们的重点就在关注他人上。在行动中，我们应学会帮助别人，成就自己。

（二）逆向思维是换个角度看问题

很多时候，我们除了看见问题，也应该"逆向"看见人认识问题的逻辑，这就是换个角度看问题。

"把你的手伸出来吧,我要给你算算命。"我对着小狄说。

周围一批围观的孩子全"晕"了,班主任要算命了!大家把头凑在一起,盯着我看,想要看我到底耍什么花招。

小狄的脸更白了,不知道是因为紧张,还是刚刚晕倒的后遗症。

……

几分钟前,我们在开会,和一批孩子聊初中生活,忽然,站在我身边的小狄说了句:"老师,我有点头晕。"话一说完,满脸苍白的他就身子一软,直接倒下。我正好在他身边,手一抄,把他搂在怀里,避免了他摔在地上。

我摸摸他的额头,看了下他的脸色和嘴唇,明白了这是开学初的疲惫加上刚刚跑操训练的劳累造成的,看起来有点像低血糖的症状。我掐他的人中,同时吩咐孩子们倒水,正好一位女生口袋里有巧克力。于是,在他醒来之后,温水、巧克力同时送到了嘴边。很快,他就正常了。

小学毕业考之后,两个多月的暑假宅家和饮食的不注意,导致许多学生体质下降。他又特别喜欢玩电脑游戏,出现这样的问题,也就不奇怪了。可是,如果在众人面前指责他玩游戏,他是不是能接受呢?我灵机一动,也许可以把几件事情联系起来呢,可能会有意想不到的效果。

于是,就有了开始的一幕。

我开始"作法"了。

我仔细地看了看他的手,然后摸摸他的手指头——有点微微的粗糙感。

我长长地叹了一口气,故作遗憾地说:"一个长期生活在温室里的孩子,一个长期保持一种姿势的孩子,一个高度集中注意力的孩子,当然会体力下降,体质不如以前了。"

我的描述,让所有的孩子都听得云里雾里的。

这时,"装神弄鬼"的我轻咳一声,然后很严肃地盯着小狄说:"看来,你这个暑假过得不咋样呀,你玩电脑太多了……"

"啊?!这个也能知道?"小狄和身边的同学不约而同地发出了惊叹声。小狄的脸色似乎比刚刚更加苍白了些,很多孩子已经目瞪口呆了。

"事情之间都是有关联的,你在某一个方面付出多少,就会带来相应的反应。正如你游戏玩得多,体质就下降了,学习就差了;你锻炼得多,阅读得多,身体就好,整体成长就会快很多。所以……"

"噢……"身边的孩子发出了声音。他也默默地点头。

随后,我给孩子们讲初中学习生活时,他们特别安静,听得特别认真,不知道是被我会"算命"惊呆了,还是真正明白了自己该做什么事情。

我送他回家,路上,他告诉我,他除了爱玩游戏,还对编程很有兴趣,以后想要在这一领域有所成就。

我听完后,对他说:"其实,我很欣赏你的理想,也觉得你一定会为之努力。"听了我的肯定,他很开心。

"只是……"我欲言又止,等到他有点"着急"的时候才继续说,"你知道吗,不仅仅是有目标就够了,走向成功的路上,我们会遇到很多问题。譬如,你到哪里去寻找展示的机会呢?如果你的编程只是为自己的兴趣,在家里玩,它的价值有多大呢?如果我们付出一生的追求,只是为了每天在家里玩给自己看,那么价值在哪里呢?我们享受了社会的照顾,同样要回报社会呀。"我一边说,一边看着他。他不断地点头,但眼里满是疑惑。

我知道他想问什么:"你是不是想要问我,哪里才有展示的平台呢?"

他很认真地看着我,用力地点点头。

"好学校、好单位,以及其他高手云集的地方,只有那些地方的人,他们谈论的才是最前沿的东西,那里才是最有机会展示能力的地方,更是最能提升人的地方。你如果去不了那些地方,只是在浅层思考,在普通的技术层面思考,那结果是完全不同的。当然,这一切都取决于你,花什么样的心思，就有什么样的结果。"我说，"这样吧，给你一个任务，你给自己的初一定个目标，也认真地问自己一句：是不是可以为自己的理想而努力？"

说实在的，从算命的"忽悠"开始，到探求他内心的需要，再到引导他规划自己的未来，我都是在一步步地向前努力着。像小狄这样的孩子，他需要的是方向和做法，而不仅仅是一种禁令和教训。他当下存在的问题看起来是玩多了电脑游戏，但实质上是对未来的茫然和不确定。老师的责任就是帮助他整理现状、找到方向，引导前行。这就是换个角度说话而被接受的过程，也是逆向寻找解决问题的方式的过程。

（三）逆向思维是站在他人的角度看问题

一般说来，人会从自己的情绪、利益等出发认识问题，这会给人际交往带来很大的阻碍。但是，一旦站在他人的角度，换位思考，逆向思维将会帮助我们理解问题背后的原因。

小新问我："你觉得我和小A的关系如何？"

我不明所以："挺好呀！"

"是呀，她去办公室，我陪着去；她去小卖部，我陪着去；她上洗手间，我陪着去；就连放学回家，我都等她上了公交，才回到我住对面的家！"小新很认真地说。

我也认真地赞同："你是个好朋友！"

她就不服气了："可是有用吗？昨天，我身体不舒服，想去医务室拿点药吃，喊她陪我一起，可是，她不知道在写些什么，竟然说：'你先去，我等会儿去找你。'去医务室只要三分钟，她用得着这样吗？有什么比好朋友的身体更加重要呢！！！"

看着她激动的样子，我不知道该说什么。

在这个过程中，如果从对错的角度来看，这两个人都没有错，因为谁也不明白对方的状态，可能彼此手头都有重要的事情要做。从成长的品质来看，她们之间需要的是"理解和宽容"，这是二者在沟通之后，能够帮助相互成长的关键。她们都需要理解和宽容，也都想要对方先给予理解和宽容。几乎所有的老师都和孩子们谈过理解和宽容的话题，但是从效果来看，大家都是摇头的。所以，理解和宽容这样的品质是无法用说教的方式培养的。

在实践基地累得很"惨"的一个中午，我们坐在一起休息。我喜欢在各种场合做活动，忽然感觉这是一个"契机"，于是我让所有的同学围坐成一圈，并要求相互之间按摩放松。

"各位，舒服吗？开心吗？"

"好舒服，好开心呀！"

"谁在对你好呀？"我开始提问。

"后面的人呀！"

"那你在对谁好呢？"

"前面的人呢！"

"这样的过程说明了什么？"

思考片刻，有人忽然明白了，大喊："只要我们对别人好，就会有人对我们好！"

"对呀，只要我们对别人好，就会有人对我们好！"我"很满意"地总结。

一阵声音轻轻飘来："我为什么要别人对我好，我只希望我对她好的人对我好就可以了。"大家循着声音看去，是小新。

我微微一笑："不着急，来，我们一起换个方向。"

"现在，谁在对你好呀？"

"刚才我对他好的人!"

"那你又在对谁好呢?"

"刚才对我好的人!"

"那现在,又说明了什么?"

"老师,我明白了,就是只要我们对别人好,那个人始终都会对我们好的!"反应快的孩子总是有很多。

"始终?!"那个声音又出现了,小新一脸的不满。

很多孩子很奇怪地看着她,觉得她在捣乱。但是我知道,她心里还是有"结"。要解决这个问题,我认为,不过就是继续换角度的事。

"那好,既然有人不满意这个'始终',我们是不是可以想想看,为什么刚刚我们对那个人好的时候,他没有对我们好?"

这次,她倒是陷入沉思了。一会儿,她往前面的孩子看去,忽然眼前一亮:"我明白了!原来,刚才她在对别人好呢!"

"那怎么办?"我追问。

"那……那,就,等等呗!"

"等等,她要是还在对别人好呢?"我再追问。

"那就再等等呗!"说着,她笑了,神情也轻松了。

两个"等等",见证了一个人的成长。

第一个"等等"是对别人行为的理解,第二个"等等"就是宽容了。在整个教育过程中,没有一句话涉及"理解和宽容",但是无不在讲述着"理解和宽容"的作用。在教育过程中,有一些品质培养可以通过说教达成效果,还有一些品质必须要经历体验才能培养,学生只有在自己体验过后,才能有认识上的改变,才能有思维上的提升。

第二章

目标定位：班级成长的方向在哪里

目标是我们在努力过程中想要达成或实现的愿望。一个人的目标引导他走向更好的自己，是一个人成长的立足点；一个班级的目标引导它成为更好的班级，是一个班建设的落脚点。目标定位，就是我们对于成长结果有一个理性的认识，它是确定成长目标的过程，是解构和重构成长的综合过程。总的来说，目标定位包括目标的思考、目标的确立、目标的践行和目标的反思。

一、思目标：班级目标从哪里来

班级的目标从哪里来？老师自己定？学校制定并给予？网络和老教师传授？很多人很迷茫，跟着感觉朝着不同的路走，于是我们就看到了多元化和不同层次的班级。所以，只有先搞懂班级目标从哪里来，才能对目标定位进行研究。

（一）思考班级目标的层次

一般说来，班级目标的定位与人的成长融为一体，所以我们对班级目标的思考从个人成长的角度切入，分成四个层次：

1. 我要成为一个什么样的人？

一个班级的发展，关键是这个班级中的人要成为什么样的人，这决定了一个班级发展的可能性。要成为什么样的人，反映了一个人的内心要求，这是对当下现状的判断、对未来的期待和内心想法三者融合的结果。

2. 我能成为一个什么样的人？

目标达成是从"可能"到"现实"的过程。在过程中，主体的执行力、个性特征、智商、情商等，决定了目标实现的可能性。所以，要结合自己的特点，进行有效的分析、判断和综合，了解自己能够做到的事和做不到的事，如此才能判断自己是否能成为目标定位中的人。这是对自我的深入分析。

3. 我愿意为自己成为什么样的人而努力吗？

以上两点是分析和判断，而这一点则是从想法向实践的过渡，体现了主体的态度，决定目标实现的效度。这里的努力不仅仅是一种态度，更是态度支持下的主动性，它包括三个层次：我会努力去达成目标；遇见困难的时候，我会怎么做；我朝哪个方向去努力。这三个方面是目标实现的动力。

4. 我们要成为一个什么样的群体？

这是建立在分析、判断和实践基础上的目标提升，它是一群人的目标，也就是一个班级的定位。所以，思考目标的逻辑是从一个人到一个班级，从个人认识到群体发展。这不是简单的提升，而是个人目标社会化的过程。它不仅仅是对一个人的影响，更关乎一个群体的建设。

（二）一个人的成长目标是"他人要求"和"自我要求"的结合

1. 目标源自他人对自己的要求

三年前，承予来我班。当时，我们双方心里的"阴影面积"都是很大的，他是因为抗拒，我则是因为担忧。尚未开学的时候，就有很多人给我打预防针，不断描述他过往的"英雄事迹"。开学前，我想了足足四天，给他打了一个电话。

电话接通，短暂沉默。

"你好，承予，知道我是谁吗？"

"呃……我知道。"他很清楚。

"你知道接下来，我们要一起相处三年吗？"

他迟疑了一会儿："嗯……我知道。"

"那好，你现在能如实回答我一个问题吗？"

他愣了一下。"好……很复杂吗？"他答应后，赶紧问了一句。可能我这句话给他的压力很大吧，让他有了很多提防。

"不复杂，很简单！"

"好。"他长舒一口气。

我继续问："我需要你很认真、很诚实地回答我：'你来学校，是来帮我的，还是来害我的？'"

他一下蒙了。

此后，安静了很长时间，才有一句轻轻的回答："我……我……我是来帮你的。"

知道答案后，我心满意足了。不管他的声音如何颤抖，不管他是否真心，我只管挂上了电话："很好，我知道了，那就这么说啊，谢谢你！"

在开学的第一个月里，每次承予做什么事情，我都会叮嘱他一句："记住哦，你是来帮我的！"他总是一脸不好意思地点点头，然后跑掉。那段时间，我的一位同事（也是承予的亲戚）每次遇见我，总是一脸茫然，满脸狐疑地看着我，嘴里念念有词："奇怪，来学校这么久了，我外甥怎么还不'出事'呢？"

三年后，临近毕业的一次家长会上，承予妈妈爆料，在那次放下电话之后，承予就情绪崩溃，哭得稀里哗啦的，却也说不出为什么。其实，我知道，他是因为茫然，因为不知道如何是好。人总是对未来有期待，也有恐惧，那个电话，让他一下就陷入复杂的情绪中了。

记得我们当时都哈哈大笑，包括承予。因为那个时候的承予，已经入团，是班级的副班长，他的学业成绩在全校稳居前三。我们都知道，当初的这个"帮和害"成了他成长最好的规矩。

承予自从确定是来"帮我的"之后，"收敛"了很多。很多人"期待"的"好戏"并没有上演。"帮我的"成了他的行为规范。但是，一个孩子的成长从来不仅仅是维持现状，这样的被动成长会消磨孩子的成长信念。真正的成长，需要发掘自己内心的成长渴望，主动积极地发展。和承予之间，我需要在发掘欲望和消极抵抗当中，找到一个契合点，让他主动成长。

2. 目标是一个人主动成长的原动力

目标源自他人对自己的要求，更源自自己对自己的要求。一个人想要主动成长的动力是什么呢？我认为是，他能够感觉到自己的重要性，能够看到自己的优秀。我认为，只有被他人需要，被他人肯定，才能有真正的重要性和优秀可言。也就是说，如果我可以找到一个机会，让承予觉得他是被需要的，也是被肯定的，那就完美了。

最近，班里在整顿手机问题。

平日里，很多孩子的手机"若隐若现"，当然还有个别孩子"明目张胆"。虽然，孩子们在课堂上老老实实地将手机放好，但也有下课就拿出来玩的。虽说都是"老人机"，但我担心的是，如果再放任"自由"一段时间，可能抵抗力弱的孩子就会失去"理智"了。不能带手机，可是有事要联系怎么办？若能带手机，纪律怎么办？这个几乎是无解的两难选择，令很多班主任觉得"心力交瘁""痛苦不堪"。当我将承予的成长需要和手机问题联系在一起的时候,我发现了一个别样的"解法"。

在一次班务问题讨论会上：

"各位,近来在我们班里出现不少携带手机上学的现象。携带手机不仅违反了学校的规定,而且对很多人的学习产生了影响。所以,我们应该好好协商一下：手机问题到底该怎么解决？"

很快,孩子们分成了两派,一派大喊"能带",理由是他们能够自我控制,而且需要和家长联系,并自认为不会影响学习；另外一派则说"不能带",这些人的手机是被家长保管的,他们觉得别人能带手机造成了不公平。

几分钟后,观点变得很统一,大家都认为携带手机不会影响自己的学习,只是因为需要联系家长才带的。其实,我知道,无论怎么讨论都是这样的结果。只是说和做是不是一致的,我就不得而知了。

"只是用来联系,一个手机和很多个手机应该是一样的吧。"我提出了一个新的想法。

孩子们一愣,但是马上明白了我的意思,纷纷点头。

"那么,我们何不就让一个人带手机呢,万一有什么事情就让他来联系,或者用他的手机？"

有孩子大喊："那谁来带,通信费呢？"

"对呀,通信费呢？谁来带呢？"我接着说,"这就告诉我们,这个人一定要大方,他要承担一定的通信费,虽然我们知道不会太多；第二,这个人要值得信任,只有值得信任的人,带手机才不会影响别人,也不会影响自己。所以,只有具备这些品质的人才能带手机！那么,有哪些同学愿意带？"

没有想到,举起了一大片手,其中就有承予。有这么高的要求,还要承担一定的费用,他们还这么积极主动,我有点意想不到。

"那好吧，看来我们只有进行选举了。只是这个人被选出来之后，要遵守约定，因为大家都认可你的人品，你就要对得起大家的信任。"由于有很多孩子的"配合"，事情正朝着我希望的方向走去。

在我的"操纵"下，承予很"意外"地被选上了。

祝福的掌声十分热烈，承予也笑得很开心。

"看来，承予在大家的眼里属于很值得信任的人，只是是否对得起这份信任，不是表决心就可以证明的，而是要在接下来的行动中表现出来。"我说完之后，就静静地看着孩子们。孩子们则若有所思地看着承予。

课后，我走到他旁边，重重地拍了拍他的肩膀："这是我没有想到的结果，但是我特别高兴，我也特别好奇一个被集体认同的人会爆发出什么样的成长激情！"

他的眼睛忽闪忽闪的。

直到最后他都没有给我们机会再选一次"最值得信任的人"，他用自己的诚信"霸占"着带手机的权利，霸占着"最值得信任的人"的称号，同时也展示了自己"自律"的美好样子。

（三）一个班的成长目标是班级"日常生活"和"发展方向"的综合

班级建设，其实就是班级日常生活的重构，是通过在日常生活中的建设和改变，真正将班级营造为人成长的场域。班级目标是从班级生活中来的，可以说，班级目标的制定是对于班级生活的全方位审视。

我们谈一个班级的目标，需要看到这个班级的日常生活状态以及它想要发展的方向。以石心班（2019—2022）的目标为例：

石心班的日常生活有三个特点：过程性、发展性和具体化。过程性就是班级成长是一

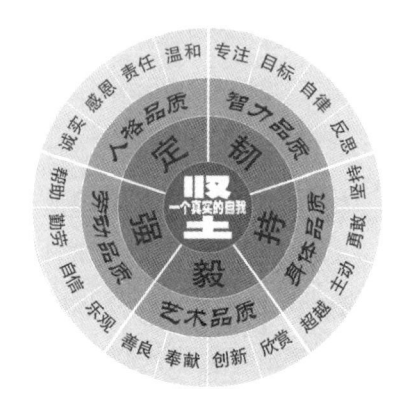

个过程，是从七年级到九年级的过程，它预示着班级成长目标应该注重人的成长过程；发展性就是班级成长目标在不同阶段有不同要求，它预示着人在成长中需要更新和提升；具体化就是班级成长目标有具体落脚点，它预示着目标是在班级日常生活的活动中达成的。

石心班的发展方向是培养人的品质。从"德智体美劳"出发，定为"坚定、坚韧、坚持、坚毅、坚强"五个角度，分解为二十个品质，分别是"坚定：诚实、感恩、责任、温和""坚韧：专注、目标、自律、反思""坚持：超越、主动、勇敢、坚持""坚毅：善良、奉献、创新、欣赏""坚强：帮助、勤劳、自信、乐观"。每一年，在主题品质中，学生以活动为载体，选择适合自己成长的方式。

综上，我们构建了石心班班级发展目标体系。

石心班班级发展目标体系（2019—2022）

年段	主题	主题方向	重点	核心目标	阶段目标分层	品质目标	班级目标的文化载体	说明
七年级	一路行走，寻找自我	石心为玉	习惯	制度规范	1.养成良好的学习、行为规范；2.遵守规章制度，做一个自律的人；3.在学习、行为上养成合理的习惯。	品质在个人层面的要求	1."因材自教"运行系统；2.教育目的；3.五层错误表；4.每周工作计划；5.出彩整理人；6.点赞追光。	做一个什么样的学生
八年级	一路行走，飞扬自我	养石成玉	个性	特色自我	1.根据特点，树立个人发展目标；2.定义自己的发展方向，寻求自己最好的样子；3.每月看见一个成长点（问题），制定解决方案。	品质在集体层面的要求	1."因材自教"运行系统；2.教育目的；3.学生格言；4.优秀学生展；5.我的优点墙；6.计划墙。	做一个什么样的自己

续表

年段	主题	主题方向	重点	核心目标	阶段目标分层	品质目标	班级目标的文化载体	说明
九年级	一路行走，春华秋实	破石为玉	学业	品质环境	1. 基于品质评价，判定成长方向；2. 制定学业规划与具体实施方案；3. 以"专注""速度"为主要努力方向，以养成良好的学习品质为主要目的。	品质在社会层面的要求	1."因材自教"运行系统；2. 教育目的；3. 经验介绍；4. 中考目标墙；5. 中考路线图；6. 有求必应。	做一个什么样的考生

二、立目标：班级目标的维度

在班级建设中，所有的分析和综合都是为了确定班级目标，目标的内容维度决定了我们理性分析的方向。一般说来，一个班级的目标是多元的，可以从不同角度来确立，它源自学生的成长方向吻合社会发展的方向。所以，班级目标的维度要和学生的自我发展可能性相关，和社会对学生成长的需求相关。

（一）班级目标的维度

1. 学习目标

学习目标包括学习态度、学习能力和学习结果的提升，这是每一个孩子在班级中都需要做到的事。学习不是一个人成长的所有，但是一个孩子的学习能力决定了他未来发展的可能性，他的学习结果决定了他在班级里的相对话语权。因此，学习目标是全体孩子成长的基础目标，同时也是一个班级成长的基础目标。

2. 行为目标

它指的是学习之外的成长目标，就是我们常说的做人目标，包括一个人在品德与行为、身体与健康、审美与艺术、劳动与实践等方面的目标，是对一个人发展的综合要求。从班级角度来说，学习目标决定了一个班级的底线，而行为目标决定了一个班级的上限。我们的班级具备什么样的行为目标，就说明这个班级有什么样的特质。行为目标能够更直接地反映教育在人的成长中的作用，能够反映具体的教育。

3. 个性目标

如果说学习目标和行为目标是针对群体的目标，那么个性目标就是针对个人特质的目标。每个人都在班级群体中，但是都有自己的特质，也会因为每个人的个性而有各种各样的成长目标。个性目标包括个人的学习目标和行为目标，个性心理特征和在原有教育下的成长状态是界定个性目标的基础。就是说，界定个性目标就是将规范中的学习目标和行为目标进行分层，每个人选择属于自己的层次。

4. 未来的目标

前面三点是对当下目标的界定，这里再说未来的目标。在成长中，我们需要目标，更需要懂得实现目标后，下一步的目标是什么。所有的目标都是高于现实的，都具有一定的挑战性和发展性，达成目标就是挑战现实的成功。未来目标的存在不仅仅是下一步挑战的动力，更重要的是，它是当下目标的发展和延续，这证明了成长的规律性。

（二）基于成长目标，奠定教师专业发展的可能

在班级目标的制定中，目标的内容是相对稳定的，但是目标的维度是多样的。如果换个角度，我们以"教师的成长"来定义班级目标的维度，应该是这样的：

我问自己"我要做什么样的老师"，它包括三个方面：第一，我要教出什么样的学生？第二，我要形成什么样的风格？第三，我要怎么去教我的学生？三个方面分别从学生表现、教师风格和教育行为的角度对教师成长进行了概括。

要教出什么样的学生，这也是我们的教育目的。"什么样的学生"其实就是从不同的维度界定学生的成长，包括德智体美劳，包括学习、思想和行为等，不同的维度体现了不同的认识角度。但是，大方向上的培养社会主义建设者和接班人，是教育不变的方向。

（三）基于"人"的目标，引领学生个人成长

什么样的目标成就什么样的学生，所以，我们不仅要看见目标，还要看见目标背后的"人"。只有站在一个"人"的基础上思考问题，目标的建立才是符合其特点的。在和小孙的相处中，因为目标合理，所以目标的作用就体现出来了。

小孙的受关注度实在是太高了。上课的时候，他经常会说一些话让大家笑，哗众取宠般的行为有时候让老师也无可奈何；还会不断地拿笔戳前面的男生，两个人一起说话。开晨会的时候，他站在队伍中就是东倒西歪、左顾右盼的，自己无精打采姑且不说，还带歪了在他后面的一批人。

开学以来，我提醒了好多次，很多老师都在警告，但是他依然无所谓，导致其他同学对他颇有微词。和他谈话也是很有"意思"的，每当我一开口，他就不断点头，然后开口说："是是是，对对对，您说得对……"他总是很直接地将我的批评"堵"在我的嘴里。

午间休息，班级规定大家都应该趴在桌面上休息，但是他似乎并没有感觉到这是应该共同遵守的规则，管自在做作业。

"请大家注意，明白在某时某地做某事！"我提醒了一下，这是我们之间的"暗号"。

他身子震了一下，听到了，也明白了，但是，依旧做自己的事。

我咳嗽了一下。他停了一下，但是马上就又无所谓了，还是忙自己的事情。

我很好奇，是什么让他对班级规定无所谓呢？我悄悄地走近一看，他在做数学题目。

我俯下身子轻轻地说："我知道你睡不着，知道你想珍惜时间，可是面

对规则，你是不是应该遵守？而且，我们的规则是不影响他人，你这样的表现有点影响到别人了。"

说着，我拿起他的数学练习。原来他并不是在做作业，而是做自己准备的练习，而且自学到几个月后的课程了。我轻轻地放下本子，然后摸摸他的头，看着他。

他估计对我的处理方式感到很意外，想了想，还是低头趴下了。

课后，找了个时间，我们坐下来谈话。

"什么时候开始预习的？"

"暑假末，快开学的时候吧。"

"感觉能懂吗？"

"还可以！"

我看着密密麻麻的书写记录和订正的痕迹，知道他是真用了心的，看得出他对自己要求很高。

"说说对自己的评价吧。"我提了个问题。

"我？感觉还好吧。成绩应该不错。"我知道，敢说自己成绩不错的孩子，成绩是真的好。后来，有孩子告诉我，他以前是某小学的"学霸"。我忽然就理解他当下的状态了。带着"学霸"的姿态，在小学里应该没有什么"对手"，所以一直以来，他受到很多的"优待"，行为上的问题也被他学习上的"光环"掩盖了。进入初中之后，他没有意识到，这里有很多小学"学霸"，他的光环已经没有那么明亮。他现在只是凭着自己原有的感觉，继续"享受"着自己的优越感。

实现目标最好的动力是人内心的愿望。看见孩子内心的想法，并放大他的想法，才能帮助他更好地实现目标。

我这样对他说："其实，我一直认为，每一个骄傲的人，肯定有他骄傲的资本。同样，每一个有资本的人，都可以合理地骄傲一下。"他频频点头，以为我在肯定他以往的成绩。

但是，我话锋一转："其实，你还不够有资本。你以为自己足够优秀了，但是，我忽然觉得你有点像井里的青蛙呢。"他终于明白了，生气地看着我，眉眼里满是愤怒。我知道，这个骄傲的孩子，受到"伤害"了。这也说明了他很在意自己的学习，在意自己的尊严。

我没有争论，只是拿出几个同班同学的成绩档案放在他的面前。他看完了，低头不说话了。他所看到的同学没有一个成绩比他差，大家都是"学霸"。从综合实力上来看，好多人都是超越他的。

我说："我从来不介意一个孩子是否骄傲，因为那也是一种自信。虽然，有的时候，有的人会过一点，但那也无所谓啊。谁没个青春年少，谁没有一次偶然的疯狂？只是，问题从来不是这么简单的，做任何事情的时候，我们都应该寻找问题的本质，尊重现象背后的常识。那么，在这个事情上常识是什么呢？骄傲的人，应该具备两个特点：第一，有足够高的水平；第二，比其他人要高得多。"说完两个条件，我停顿了，看着他，我在让他慢慢地"对号入座"。

我接着说："我承认你是优秀的，可是，你真的到了卓越乃至超越的地步了吗？"

他沉默了，我知道他正在思考。和聪明人谈话，只要把观点讲到了就好了，至于反思，我想他自己会做的。我要做的只是唤醒，而他自己会逐步地觉察，乃至觉醒。

有的人能实现目标，有的人实现不了目标。一样的过程，一样的行动，却带来不同的结果。可以解释的是，在某些时候，有的人抓住了机会。

几天后。

"看来呀，咱们追光班的老孙真不赖呢！"随着我这么一句调侃式的表扬，小孙在同学们的热烈掌声和赞赏眼神中，先是有点不好意思，然后就两眼发光了。看来他好久没有这样的感觉了。

事情发生在学校组织视力检查时。

我没有带着孩子们去，而是直接告诉他们位置在哪里，就让他们自己去了。检查完之后，孩子们就直接回家了。没人告诉我当时发生了什么，也没有人和我谈起这事。

第二天在批阅学生的家校联系本的时候，很多人谈起了昨天的视力检查，主要谈到两点。第一，我们班表现得很优秀，大家的规范让别人感觉到了追光班的与众不同。第二就是小孙的表现。作为值日班长，他不仅仅自己保持安静，更提醒同学保持安静，以保护班级荣誉，毫无疑问，这样的他引起了大家的关注。

我说："我们说过，在学校活动中，要做到某时某地做某事，就是说，在特定的时间和场合，选择合理的表现方式。今天，小孙用他的行为告诉我们，他对这句话有深刻理解。在一个公众场合，在等待的过程中，大家能保持安静，不影响别人，这就是追光班的素质。那么，小孙的表现完美地阐释了自己的素质和追光班的品质。说真的，我很为他高兴！看来，咱们追光班的老孙，真的不赖！"

孩子们为追光班的进步开心，更为小孙高兴，又听到我将"小孙"改为"老孙"，一个个忍俊不禁。

看着小孙兴奋的样子，我其实也很开心，开学以来他多次表现不好带来的郁闷，终于可以缓释一下了。

教育其实就是抓机会的过程。要把每一次意外都当作教育的契机，真正让孩子在成长中有收获。所以，关于小孙，我一直在寻找机会。

小孙来找我，看起来很不好意思的样子。他拉着我站在教室外面的书廊上，欲言又止，最后鼓起勇气，才说了一句："老师，我有话想和您谈谈。"

"好呀！"我很爽快地答应了。

估计他也没有料到我那样好说话，一下又不说了。

"怎么了？说呀，要是没有什么事情的话，那我就先去忙了啊！"我看他的样子，肯定是有事情求我，就"故意"吊他的胃口。

"好吧！"他终于鼓起了勇气，"体育老师问过我了，想要我加入足球队，而且，而且说，可能需要占用有些非文化课进行训练。您看……您看……"说到这里，他有点支支吾吾了。他知道自己的表现，也知道和我提这样的要求有点说不出口，所以，说完之后，就很忐忑了，然后一脸紧张地看着我。

"这样呀！"我笑笑，装作很迟疑的样子。其实，我知道他就是喜欢踢球，而且踢得不错，但是因为身体很单薄，让我觉得校队应该和他很远。但是现在看起来我还是低估他了，他可能有自己的独到之处，而且应该是很不错的那种。从他的眼神中，我能够看到渴望。

对我来说，机会来了！

"想去？！"

"嗯！"他点头若鸡啄米。

"真的想去？！"

"是呀，是呀！"

"可是……可是……"

"老师，可是什么，您告诉我呀！"

"你这样的表现，如果去了足球队，我不是被人笑掉大牙吗？人家不会说，方老师怎么教出这样的学生呀？"我装作很疑惑地看着他。

"这个……"他也没有话说了，忽然，他回过神来，"老师，我要努力，我要改！"

"你——要——改？"我拉长着声音反问道。

尽管他知道我的语气中有满满的不信任，但还是很坚定地点点头。

这个时候，我觉得可以"新账旧账一起算"了："你在过去的那段时间里，一直在对我说要改，可是结果呢？我该怎么相信你？我劝过你多少次，我告诫了你多少次？"

他低下了头，随即又抬起头说："老师，相信我，我真的会改的！"

我想，这又是一次机会了。

"真的会改？我该怎么相信呢？我没有办法从你的过去中看到你给的答案。"说着，我忽然补充道，"但是……"

他很聪明，马上就听出希望："但是什么？"

"我可以给你两个星期，如果这两个星期，你可以用你的行动来说服我，那么我选择相信你的信心，你可以暂时去校队练习。"

"真的？！太好了！老师，我一定会努力的，一定会改变的！"

他忽然就明白了我的意思，抓着我的手用力地摇了一下，然后就跑了。

上完课，我正往外走，被老孙叫住了："老师，我想去训练，可以吗？"他的声音很低，明显很不好意思。

"什么时候？"

"就是下午的自学课。如果您没有什么安排的话，我想去训练。"他还是不好意思，毕竟是在众人面前提出这样破坏规则的要求。

我看了他一眼，看着他一脸期待的样子，心里不忍，就说："倒是没有什么事情，只是，大家都在学习，你却……"看着他的样子，我还是松了一个口子，"这样吧，你先自学一节课，整理好今天的学习内容。第四节课，你自己去训练吧！"

他本以为眼前一片灰暗，谁知还能柳暗花明，不禁眉飞色舞："谢谢老师！"

可能，这又是一个契机。

我还在思考如何用好这次机会，老孙又来找我了："老师，找个时间和我们一起踢球吧！"

"好呀，没有问题，只要你提前对我说，我得带上装备。"说着，我搭着他的肩膀一起向外走。

我说："其实，我很喜欢足球。我一直觉得，一个踢球的人，肯定是一个聪明的人。一个聪明的人，肯定可以处理好兴趣和学习之间的关系。对我们来说，既能踢足球，又能学习好，这是多好的事情呀……"

老孙频频点头。

看到他的这种状态，我接着说："其实，中国国家足球队就需要你这样的人，素质高，有思路，球商高。运动员在球场上需要理解教练的意图，需要有大局观，需要球商高，而不仅仅是有强壮的身体，你说呢？"

他很认同我的观点，不断地点头。

"其实，一个人有追求很好，但是，一个人想要实现自己的追求，就应该到更高的平台。从目前来看，通往更高的平台，是需要我们在学业上不断提升的。"

他默默地点头，开始安静下来反思了。

三、践目标：班级目标的具体化

目标的践行，就是一个将目标具体化落实的过程。在践行班级目标的过程中，只有分解出足够具体的目标，才有接下来的操作、评价和完善，才有各种各样的魅力班集体。

（一）目标践行的步骤

目标践行的步骤主要分成：目标的任务分解、目标的操作行为、目标的完成反思。

1. 目标的任务分解

目标能被分解成任务是目标可行的关键点。譬如，我们制定了"运动会获得团体总分第一"的目标，在此基础上我们以任务分解目标：根据运动会总分计算的方式，了解历届总分第一的班级的基本分数；根据本班同学的运动能力，选拔运动员；给每个运动员定小目标；观察运动员的运动状态，开会，提出要求；制定激励机制，激发运动员表现出更好的状态；制订训练计划和挑选负责人。六大任务清晰的时候，我们只需要做好它们，目标达成的可能性就大大增加了。

2. 目标的操作行为

我们总是在制定目标，在规划过程，但是真正影响到过程的就是操作行为，即怎么做好目标的分解任务。譬如，在给每个运动员定小目标的时候，我们应该给每个运动员制定一个稍微高一点的目标，在他的能力基础上适当地提高一点——不能过度拔高，更不能毫无挑战性。

3. 目标的完成反思

这是目标践行过程结束后的思考。针对目标的完成反思，不仅仅要看达成的原因，更要看到实践过程中的不足。一般说来，反思的点有四个：做好了吗？可以更好吗？经验教训是什么？如果只用做好一点，那是什么？

"做好了吗？"是对结果的评价：是否优秀，是否能够看到实践的效度？"可以更好吗？"是对目标的可能性评价：目标是否还可以发展，是否还可以更好？这是班级可持续发展的核心。"经验教训是什么？"是对实践行为的反思：是不是有不足的地方，是不是有一些地方需要下次注意，是不是需要我们避讳和重视什么？"如果只用做好一点，那是什么？"这是对分解任务的整合：找到最核心的点并全力以赴，以培养自己的重点思维。

（二）班级目标的具体化是班级建设的方向

譬如，在石心班，班级建设的各项措施都是为了培养孩子的品质，这个目标的具体化就是一个从宏观到微观的分解、操作过程，分别是："班级成长套餐包：基于系统思维宏观看班级建设""主题班会序列化：基于发展思维中观看品质培养点""'因材自教'班级运行系统：基于人本思维微观看学生发展点"。

1. 班级成长套餐包：基于系统思维宏观看班级建设

从宏观角度来说，班级建设是一个系统工程，是宏观上"整理—判断—寻找"的过程："整理"班级建设的"任务点"，"判断"班级建设的"关键点"，"寻找"班级建设的"承重点"。

石心班界定了不同年段的"承重点"，以"班级成长套餐包"的形式，规划了三年六个学期每个阶段的任务。

七年级，基于小初衔接和习惯培养；八年级，重点是非智力因素培养和学生个性引导；九年级，重点是自我完善和学业提升；它们的目的在于培养学生的整理、反思、责任、专注、主动、合作、坚持等品质。

石心班七年级成长套餐包

七年级（第一学期）			
主题	内容	品质	做法
入学前准备包	心理准备	整理·合作	1. 寻找同姓人 2. 寻找同月生 3. 建立关系网
	学习准备	整理·反思	1. 学生课前诗歌朗诵 2. 一日工作流程图
	行为准备	反思·专注	1. 学习关键点 2. 学习关键语
习惯的建立与调整包	习惯的界定与检测	反思·责任	1. 作业习惯检测 2. 作业声检测
	习惯体系的构建	超越·整理	1. 追光精神在哪里
	习惯的培养	责任·主动	1. 以点带面的影响 2. 值周组
集体荣誉感培养包	班级荣誉感	参与·合作	1. 班级名片 2. 成长多米诺
	小组团队意识	合作·参与	背靠背的成长
	个人责任意识	责任·诚信	资源角色责任的构建
班集体规章制度包	班级制度	参与·管理	"因材自教"运行系统
	小组管理	管理·合作	值周组
	特色管理	责任·管理	自主管理　建设＞管理

续表

七年级（第二学期）

主题	内容	品质	做法
班干部能力培养包	日常管理	坚持·管理	1.一日工作流程 2.班委会
	活动组织	参与·主动	1.主题活动 2.微班会
	领导魅力	主动·管理	主题活动的方案
学习计划制订包	学习计划	坚持·整理	小目标学习计划
	月计划	坚持·参与	1.许愿瓶 2.成长路线图
	合作学习计划	坚持·合作	1.挑战计划 2.五对一
家长会主题包	成绩反馈	反思·主动	1.学习反馈条 2.雷达图
	主题研讨	反思·主动	1.学习方法学生谈 2.家教方法
	价值引导	超越·主动	1.教育观点 2.教育文章 3.书籍推荐
学习品质培养包	注意力品质	专注·管理	1.时间管理 2.注意力训练
	反思品质	反思·管理	1.错题本 2.整理本
	练习效率	管理·主动	1.时间管理 2.挑战对手 3.个人学习计划

石心班八年级成长套餐包

八年级（第一学期）

主题	内容	品质	做法
后20%的调整包	后20%的界定与分析	整理·反思	1.学习问题诊断 2.多打一
	调整后20%的几大因素	责任·反思	最可能提高的项目
	引导后20%反思的技术	超越·主动	1.成长的关键点 2.个性学习计划
青春期教育包	身体变化	坚持·勇敢	1.视频认识 2.反省
	心理变化	欣赏·修养	心理课
	情感疏导	欣赏·温和	我们"约会"吧
非智力品质专题包	非智力品质体系	管理·反思	"关"的提炼
	影响最大的非智力品质	坚持·坚定	1.追光者杯 2.追光者
	多个品质的培养	管理·超越	追光活动方案
学生交往问题包	同伴关系	温和·诚信	1.团团坐 2.空椅子效应
	师生关系	欣赏·温和	1.老方有约 2.追光面对面
	亲子关系	反思·责任	1.家长视频 2.家长课

八年级（第二学期）

主题	内容	品质	做法
科任教师沟通包	几种形式：诊断，家长会	反思·主动	1.对话任课老师 2.诊断式家长会
	科任教师沟通任务单	合作·反思	科任老师任务单（喜报）
	科任老师诊断的方式	参与·主动	1.诊断式家长会 2.通知单

续表

家校有效沟通包	家访的几个招数	参与·合作	1.单人家访 2.同伴家访 3.团队家访
	家访问题体系的构建	管理·合作	1.学习问题 2.思想问题 3.生活问题
	家访形式及其优越性	反思·超越	1.茶座式 2.家庭式 3.聚会式
前20%的催化包	影响前20%的四大因素	超越·坚持	1.速度 2.选择 3.反思 4.需求
	速度的培养和提升	勇敢·超越	1.时间规划 2.内容的选择
	思想动态调整	坚持·欣赏	1.梦想与目标 2.精神与实践
问题学生处理包	学习问题案例	反思·合作	1.每日有约 2.教师观察
	行为问题案例	勇敢·责任	自我反思单
	集体荣誉感问题	勇敢·诚信	1.同心鼓 2.背靠背起立

石心班九年级成长套餐包

九年级（第一学期）			
主题	内容	品质	做法
薄弱学科加强包	师生对话诊断	主动·合作	1.单科计划表 2.任课老师单
	学生自诊反思	参与·反思	1.反思单 2.练习检查表
	运用错题本查漏补缺	坚持·反思	1.错题单 2.知识查漏单
自我意识的强化包	人生规划	管理·超越	1.计划 2.目标
	当下的问题与反思	超越·反思	1.老方有约 2.我的未来目标
	一滴墨水看自我	反思·管理	1.一滴墨水 2.发现自我
学生多类成长方式构建包	职业规划引导图	责任·管理	1.职业规划表 2.拍卖理想
	品质成长图	责任·管理	品质路线培养图
	行动路线图	超越·整理	1.行动路线图 2.学习计划
关键学生激励包	优生的学习品质提升	主动·超越	1.最优秀品质 2.自我审视
	中等生的目标激励	超越·管理	目标发展路线图
	后进生的坚持行为激励	参与·坚持	1.优点墙 2.坚持路线图

九年级（第二学期）			
主题	内容	品质	做法
中考家长准备包	中考家长心理准备	温和·修养	1.中考面对面 2.中考家长会
	中考家长知识必备	坚定·管理	中考观点传授
	中考家长环境准备	反思·管理	1.中考家长会 2.家访
学习意志力培养包	坚持品质	坚持·主动	1.坚持路线图 2.头靠腿
	专注品质	超越·专注	1.课堂行为检查表 2.自我实践分析
	速度品质（效率）	主动·超越	1.时间规划表 2.刷题取卡

续表

生涯 规划包	我的未来人生目标	管理·坚定	1.目标瓶 2.梦想主题班会
	我的优点大展示	勇敢·欣赏	1.同学大展示 2.点赞追光
	十年后的我（××）	管理·反思	1.××的故事 2.希望瓶
考前心理 辅导包	面对学习高原期	坚持·坚定	1.学习问题对话 2.老方有约
	面对焦虑心理	勇敢·温和	1.焦虑主题班会 2.过桥；跳多远
	自我实现的核心	主动·坚定	1.学生自我分析 2.二十年的我们

在各年级的八个套餐包中，每一个包都从四个维度入手，分别是"主题、内容、做法、品质"。譬如七年级的"习惯的建立与调整包"，我们基于习惯培养的"主题"；"内容"是习惯的界定与检测、习惯体系的构建和习惯的培养三个方面；核心"做法"在于习惯体系的构建，具体以"追光精神在哪里"为标题构建习惯体系；目的是培养学生的反思、责任、超越、整理、责任、主动等"品质"。

成长套餐包以宏观视角，基于系统思维从"品质目的—主题目标—内容体系—具体做法"四个层次，规划初中三年要做的事情；以成长品质为目的，设计适合学生成长的活动，帮助学生成就更好的自我。两年来，学生的系统思维和规划意识明显增强。

2.主题班会序列化：基于发展思维中观看品质培养点

从中观角度来说，班级建设就是在班级用什么来培养学生品质。石心班以主题班会作为培养学生品质的方式之一。

石心班的主题班会是序列化的，有三个特点。一是体系化。品质培养是一个体系，是形成学生健全人格的有效支点，我们建立了五大类、二十个品质的六十节主题班会体系。二是发展性。对人在不同成长阶段的要求是不同的，是螺旋上升的过程，主题班会由此从不同层次提出了相应的标准。三是主题性。品质培养是建立在七年级养习惯，八年级成个性，九年级重学习的基础上的，每年一大主题类别，统领班级建设方向。

譬如，培养"诚信"品质，七年级重视行动中的诚信，八年级重视交往中的诚信，九年级重视社会生活中的诚信。这是按照"身边的行动—人际交往—

社会生活"逐层提升，构建序列化过程。它的原理是诺丁斯的关怀理论，以关注"自我—身边的人—集体—社会—自然"为发展过程，培养一个人的品质。

主题班会序列化的问题，后面将专章阐释，此处不再赘述。

3. "因材自教"班级运行系统：基于人本思维微观看学生发展点

"因材自教"运行系统基于人本思维，从学生特点出发，因能、因龄、因异，引导学生自主选择资源，自我教育，培养成长品质。在此基础上形成的系统，吻合学生现状，符合其身心特点。系统分四个步骤：

（1）寻资源，见成长环境

一个孩子的成长环境包括影响个人成长的个人资源和影响集体建设的公共资源。个人资源建立学生的存在感和价值感，公共资源建立个人成长的归属感。

这是学生在班主任的引导下，共同对班级影响人成长的因素进行解析，构建影响人的系统。

（2）设动力，以评价促进

根据初中学生的身心特点、社会发展特点和资源差异，我们设计了班级货币的评价方式，命名为石心币。每一项资源都有固定的价值，按照完成质量分层评价，分成 ABC 三档。它引导每个人根据能力、状态，选择适合自己的"层"。

（3）促运行，建动力系统

石心班根据货币价值建立动力系统，实现评价的发展性作用。譬如，将货币的使用范围延伸到座位选择上，每个月开展一次座位投标。同时还设计了多种班级货币消费方式。将态度、货币、资源、生活四者联系在一起，石心班一共设立了30种石心币消费方式，最终实现学生成长和班级发展。

石心班"因材自教"运行系统"消费"指南

序号	消费项目	项目说明	负责人
1	座位投标费 目标·勤劳·主动	每隔四周，进行个人座位投标，具体费用见即时投标费用。具体操作见拍卖师现场规定。分部长进行第一轮投标，随后，各人自由投标。分部长投标牵涉管理和任选，所以投标费按八折计算。允许现场竞争分部长。	拍卖师

续表

序号	消费项目	项目说明	负责人
2	要求咨询费 主动·反思·目标	每人可付出1000石通过掌门人向班主任提出一项可以实现的合理要求。首先付出咨询费200石，确定要求合理后，按照要求付出要求费800石。如果要求不合理，则付200石。	掌门人
3	学业知识费 专注·目标·坚持	在学期初进入石心班学习，需要向石心班学生银行支付本学期的学业知识费。每个人的学业知识费基数为500石。在期末进入段前10名的同学得奖学金500石；段前50名的同学免交学业知识费；段前200名的同学正常交费；段200—400名的同学加倍交费；段400-600名的同学三倍交费；600名后的同学四倍交费。凡是和期中考试相比，进步80名以上的同学免交费；退步50名以上的同学加倍交费，以上条件各类别和进退步不重复叠加。	内事学习管理
4	岗位失职费 责任·目标·主动	每人有责任承担公共资源，若出现岗位失职，每次以"周工资"为单位扣除。工作问题的界定标准根据学校反馈、督查主任检查、班干部指出和公共资源确定。	督查主任
5	行为过失费 主动·反思·责任	每人要积极主动承担个人资源，若出现行为过失，每次以个人资源规定的"周价值"进行扣除。行为过失以学校反馈、督查主任检查、班干部指出和个人资源规定为依据。	督查主任
6	错误购买费 反思·责任·主动	班集体的错误分成五个等级，价值在100—500石不等。学生在错误发生前购买，为错误原价值；在错误发生后购买，需支付三倍错误价值作为承担错误的责任费。	内事生活管理
7	漂流瓶购买 感恩·帮助·善良	每个同学可以通过购买"石心漂流瓶"表达自己的想法、情绪和愿望。根据漂流瓶的内容不同，漂流瓶价格不同。个人漂流瓶150石一个，团体漂流瓶100石一个。	内事长老
8	理由解释费 反思·责任·勇敢	每人可以购买机会向大家解释自己的行为过失。在全班范围内解释，并被接受，收费200石；不被接受，收费300石。在单独范围内解释，并被接受，收费300石；不被接受，收费400石。接受的要求是得到全班70%以上同学的认可，解释时间在两分钟以上。	内事长老
9	消极态度费 反思·责任·自律	在班集体活动中，被五个同学认定为消极的，将要付出200石，以十分钟内的表现为一个周期，如果有十个同学否认，则取消认定。	内事长老 外事长老

续表

序号	消费项目	项目说明	负责人
10	表现机会费	每个学生可以主动申请在学校各级舞台的表现机会。班内机会100石一次，校内机会200石一次，区级机会300石一次，市级机会400石一次。同时，参与及表现优秀者将获得奖金。	内事长老
	主动·目标·超越		外事长老

（4）导细节，激成长品质

在"因材自教"的背景下，我们完善了各种促进发展的细节，激发成长品质。譬如，为资源选择不足的学生完善弥补型的无限责任个人资源，为"收入不高"的学生完善个人借条等借贷程序，为"欠债"多的学生开一个"疯狂工作模式"等。

于是"因材自教"运行系统以"实践资源—获取货币—班级生活—培养品质"为因素，构建学生生活系统，帮助学生找到适合成长的方式，成就最好的自己。

石心班无限责任个人资源（举例）

序号	资源内容	资源价值	实施方式
1	主动承担临时任务	200（每次）	实施者主动完成记录和反思
2	每天强制完成一个学习目标	50（每个）	特定的人，同桌认可，部长认可
3	主动帮助班级违规同学	100（每次）	过程：谈话→反思→约定
4	单元测试成绩第一	200（每次）	试卷认定
5	获得老师课堂上正式表扬	50（每次）	本人记录具体原因，课代表认可
6	完成错题、典型题20个	1000（每份）	内事学习管理和课代表双向认可
7	个人体育加练跑步30圈	500（每次）	外事长老和外事活动管理认可
8	以正义的行为维护石心班	200（每次）	有具体记录并得到三个以上的同伴确认
9	主动完成一份试题	100（每份）	有具体记录，并由课代表认可盖章

四、析目标：无效目标的反思点

目标并不一定会实现，影响它的因素有很多，包括目标是否贴切、根据目标制定的任务是否合理、操作任务的方法是否可行等。在实践中，我们遇见这样的问题时不能放弃目标，而应该学会反思，换个角度认识目标。

一个目标是否能够达成，首先要看这个目标是谁制定的。也就是说，只有主体自己确定的目标，才能为成功奠定基础。它包括四个方面：是否吻合自己的身心发展特征？是否联系了自己的兴趣点？是否存在一定的挑战性？自己是否在态度上存在不足？这四个方面其实就是告诉我们，在确定目标的时候，要注意四点。第一，目标要和自己现在的状态相关，不要好高骛远。第二，目标要和自己的兴趣相关。我们确定的目标和自己的兴趣点越相关，实现的可能性就会越大，爱思考就应该在理论研究上有成就，爱动手就可以思考模型的制造，等等。第三，目标要有挑战性。过于简单和容易的目标，难以调动人的能力去解决问题，对于一个人的进步没有作用；具有较高挑战性的目标，能够激发一个人所有的潜能，促进成长，激发主动性。第四，自己要有一定获得成功的想法和行动。

譬如，一个成绩中等的同学选择了这样的目标：要在期末考试中，从原来的300名进步到200名，并且尝试做一次班干部。这个目标就比较合理了。它是主体主动制定的，并且结合了主体的当下特征，是主体自己想要的，体现了主动性，而且从现实状态来看，具有一定的挑战性。

其次，目标是否能够达成，还要看实现目标的时候，是否有具体可操作的方法。就是说，在寻找目标的实现方法的时候，需要考虑两个方面。第一，是否有可操作的方法？就是要找到走向目标的方法，以行动来靠近目标，直到达成目标，不能只是在语言上鼓励、在思想上刺激，那样固然会有一定的促进效果，但是对目标的实现，整体难起任何作用。第二，方法是否被接受和认同？因为走向目标的方法有很多，只有被接受和认同的才有用，所以选择方法的时候，要从主体出发，选择合理可用并且主体愿意用的方法。

譬如，在这个同学实现进步100名的目标有难度的时候，我们经过分析，判断出他的问题主要出在学习方法上。怎么改进呢？可以和他一起制订学习计划，让他学会在规定的时间里完成规定的任务，合理地安排每天的碎片时间，定期进行学习监督和行为跟进；可以教会他如何将文理科结合，如何进行整理，如何对待错题，如何有效"刷题"。

  这些方面的反思，可以让我们看到问题，并且做出有效的提升。所以，要建立在一定的立足点上，做高效度的反思，从而推动目标的重构和最终实现，真正发挥目标的作用。

第三章

体验活动：追寻经历中的教育价值

教育的功能主要是在活动中实现的。我们把活动作为教育的载体，在教育过程中，基于成长品质设计活动，引导学生参与活动、体验过程、感悟与反思结果。因此，一个活动想要发挥作用，应该具备三个特质：有经历的过程，有思维的验证，有价值的融合。

一、外在：经历的过程

（一）活动首先是一个完整的过程

活动的实践操作就是教育过程，这个过程包括"起承转合"："起"就是活动的起点，即我们做什么样的活动，有什么要求；"承"就是活动的步骤，即怎么样才算是做完整个活动；"转"就是关于活动的思考，即经过体验之后，我们得到了什么;"合"就是活动的目的,就是我们要引导学生获得什么。

我认识学校里一个非常爱阅读的保安,他业余时间几乎都在读书,《中国通史》《津巴多普通心理学》《钱的历史》《论法的精神》等等,都是他的阅读书籍,他的阅读视野之广是我见过最厉害的。我曾问过他,为什么要阅读这些书籍,他的回答很朴素:"挺好玩的,没事瞎看呗。"但是,从他的读书笔记中,我知道他不仅仅是为了好玩,这是一个人对梦想的执着。一个普通的保安,一些不普通的阅读书籍,他们之间的反差,足够唤起我们的思考。于是,我将他"引入"我的班级。

我开了一节主题班会课,呈现了他努力的成果,并请他给孩子们讲了自己努力的故事。在访谈的时候,有孩子提出了这样的问题:"侯师傅,我想请教您,我英语单词记了忘,忘了再记,可是记了还是忘,我该怎么办?"

潜意识里,我觉得他的回答应该是这样的:"孩子,学习是一件需要反复抓,抓反复的事情,只要我们多辛苦,多流汗,你就会发现成长出现了。"这样诚恳又带着鼓励的话语,很符合他的"身份"。但是,我万万没有想到,他是这样回答的:"孩子,关于这个问题,是这样的……根据津巴多普通心理学,出现这样的问题的原因有……一共是五种,我想要给你这样的建议……"又是五个建议。学生得到了答案,满意地坐下了,但是那天在现场听课的老师和我,已经被这样专业的回答震惊到说不出话来了。

课后,我给孩子们布置了一个课外作业:明天上午进入校门的时候,看看保安叔叔,然后到教室里,写下你当时的感受和思考。

一个孩子是这样写的:"当我走进学校的大门,看着站在旁边微笑的保安叔叔,想起他昨天在我们班展示的风采,我心里想,这是一个扫地僧一样的高手呀,真的是真人不露相呀。看来,我们学校也是一个'名门'呀,要不怎么会有这样的保安叔叔呢。我在这里度过三年,我要成为什么样的人，才能匹配这个学校呢？未来的某一天我要有什么样的表现，才能大声地对别人说，我是这个学校的校友呢？"

……

我们看到，一个孩子被"唤醒"了。从教育的角度说，其实就是"教育发生了"。一刹那，我们看到了孩子的反思和醒悟，看到了孩子的改变和成长。

在访谈保安的活动中，"起承转合"分别是："起"，了解保安生活，结合自己的学习生活设计提问；"承"，讨论他的生活给自己带来的思考；"转"，每个人设计问题，在小组讨论后，选择合适的问题提问；"合"，思考通过这次活动自己收获了什么，最后写出感悟。

（二）活动还是一个有阶段的过程

活动不一定是一个完整的过程，我们还可以根据学生的成长，将一个过程分解，对不同阶段赋予不同的教育目的。

开学第一天见面，按惯例，孩子们将会一窝蜂地拥入教室，然后很好奇地看着班主任，带着对班主任的敬畏和对初中之旅的期待开启新学期。

但是今年，我选择了不同的方式，我不让他们进教室了。

当孩子们来到班级门口的时候，迎接他们的不是班主任的笑脸，也不是初中的新奇，而是一张带着温馨问候却不失理性的"入门宝典"。"宝典"上写道：1.你懂得进门的基本礼貌环节吗？【注：（1）每次仅允许进一个人，否则会被……（2）在外面等候的同学应该是……】2.进门后，看看教室里有你马上要做的事吗？那，马上做！3.为自己找一个座位，一定要有一个选择理由，然后安静倾听。4.无论进入之后遇见了什么，请记住，一定要微笑！

第一个方面是文明礼仪，用来规范人的素养；第二个方面是班级规则，用来规范教室行为；第三个方面是生活规则，用来规范个人生活；第四个方面是交往规则，用来规范人和人的交往。孩子们面带微笑进入教室，然后轻轻敲门，一进入教室就寻找自己的座位，看到教室里不合理的、不干净的、杂乱的事物后，主动去整理。而在窗外的孩子们，安静地排队，轻声地提醒和交谈。有人说，这不像是新生第一天入学，倒像是老生们在参观艺术馆。

进入教室后，还有一个新的任务在等着他们。我故意没有整理教室，桌椅是杂乱无章的，上面有不少灰尘。孩子们并没有在第一天就意识到我们需要一个有序的班级，且打造有序的班级应该从环境有序开始。

"告诉我，孩子们，现在这个教室就是你们对初中班级的期待了吗？"

孩子们环顾左右，很快就发现了"问题"，纷纷摇头。

"那告诉我，现在最需要解决的是什么？"

"桌子太乱了，我们需要摆整齐！"孩子们并不会说有序、有规则这样的话，而是很直接地指出了问题。

"那好，谁告诉我，什么叫整齐？"

孩子们愣了一下，然后七嘴八舌道："应该排成一条线！""应该横竖都是直的！""应该是全部对齐的，无论从哪个角度看！"他们开始从不同的角度去思考"整齐"。

"那，谁来带着大家做好这件事情呢？"我提出了倡议。

马上就有孩子"接手"了。

"那好，你来说说怎么做。"我紧追不放，这是在"考量"一个孩子对"规则"的认识。

"我想这样做，"他用手比画了一下，做出了示意。他想要从"横""竖""斜"多个"维度"摆好桌椅。

"你的理解是对的，可是我想知道，万一乱了怎么办？我知道，现在这样是最好的状态了，如果乱了，我想回到现状怎么办？"我指了指满屋的桌子。

"这个……"孩子们开始迟疑了。

"有了!"一个孩子大喊,"我找到办法了!"他激动地指着地上说,"可以用这个!"水磨石地面上有切割得十分方正的线,他指着线说,"如果以这条线为参考,就会有相应的标准了。"

说完,周边的同学恍然大悟:"对呀!就是这样呀!"

"老师,这是不是说明了一点,我们建立规则的时候,就是需要建立标准的,有了参照物,我们才算有了规则?"

"说得漂亮!"我大为惊喜,想不到孩子们的悟性如此高!而且,他们认识问题的深度超过了我的想象。

我能够想象,那一刻孩子们的心里虽然不一定有"规则"两字,但是他们已经模糊地知道——做好一件事,还需要一种标准,这样才能评判做事的合理性。这其实就是规则的定义。

二、内在:思维的验证

在教育中,活动的目的是人的成长,人的成长归根到底是思维发展后的行为改变。所以,衡量一个人的成长,是以人的思维发展作为基本标准的。

(一)思维验证的前提是"问题"

在活动的过程中,要引导学生思考,"认识—分析—对比—综合",以此看见人的思维的改变。"认识"是看见活动的概况;"分析"是思考现象背后的原因;"对比"是对比人原有的认识和新的观点;"综合"就是在对比分析的基础上,得到新的观点:这就是思维提升的过程。

学生在活动中,首先"认识",从不同角度了解保安叔叔的信息,并形成自己的初步概念；其次"分析"，就是了解行为背后的原因，懂得他为什么要这么做、目的是什么，在"分析"的过程中唤起内在的疑惑；再次"对比"，就是通过自己和保安之间的"对比"、保安和其他保安之间的"对比"，看见差距，看见榜样的优秀，"重构"一个优秀人物的品质；最后，"综合"以上观点，迁移到生活中，获得其中的价值，唤醒自己的成长愿望。

这是以"问题"的形式，引导学生思考，并不断地追问学生。学生在思考和被追问中，分析、对比、综合，最后重构新观点，这就是思维的过程，是学生的成长过程。

（二）思维验证的过程是"体验"

体验，就是"身体经历＋思维验证"。这是一个过程，即学生通过对活动的认识，结合主题，提升自己的认识，更新自己的行为。

回到新入学的活动体验中。一周之内，我们几乎每天看着桌子，看着标准，看着规则，班级开始逐渐变得有序，变得稳定。开学时本来可能出现的一些"常规"问题，都没有出现。孩子们小心翼翼地维护着自己刚刚养成的"规则"意识，可是规则怎样才能发挥作用，如何才能在现实中表现出规则的存在呢？

（三）思维验证的关键是"运用"

现实告诉我们，只有在实践生活中运用规则，才能真正懂得规则的存在和作用。

> 第一周，我为孩子们准备了一个"愿望瓶"。这也是一个"目标瓶"，它的作用就是储存孩子们的梦想，让每一个孩子都能看到自己的梦想，让他们在梦想的指引下前行。当我带着一箱"愿望瓶"进入教室的时候，孩子们很好奇，眼里充满着向往。
>
> 可是，这么多玻璃瓶，放在哪里？怎么放？孩子们对于这样的"现实"问题，似乎更加有兴趣。
>
> "老师，这个瓶子摔了怎么办？"

"老师，这些瓶子是玻璃的吧，到底放在哪里呢？"

"老师，我们……"

各种各样的说法都有，大家也开始找寻放"瓶子"的位置。

孩子们开始讨论。最终得出了四个结论：一是放在自己家里，但是很容易遗失；二是放在教室里，各人自己保存，可是容易丢失和破碎；三是由老师收着，可是不能发挥作用；四是在教室里找一个地方放，可以发挥作用。

最后大家"定位"在教室前方的窗台上。

我留下了一个"任务"：怎么放，才能体现我们的"规则"意识？

"我认为可以这样，"一个孩子举手讲述自己的观点，"以这里为放置的地点，"她指着教室前方的窗台说，"我给每一个人画一个区域，大家根据表格的位置，放置自己的梦想瓶。只要我们把瓶子外面的圆弧与区域的左边和下面的横线相切，就可以特别整齐了。而且，您说的规则意识，其实就是需要一种标准，我们在刚刚的方法中，就寻找到了一种标准，这应该就是规则！"

"这就是一种规则！我们非常好地完成了任务，这就说明这段时间我们的规则训练和规则意识养成，已经有了十分好的效果！"得到我的表扬，孩子们的脸上流露出的笑容，都是灿烂的。

"既然大家已经出色地制定好了摆放'愿望瓶'的规则，那么，是否可以举一反三，给班级的发展再确定一个标准，解决班级的另外一个问题？"我指着每个人桌子上的水杯说。在我看来，所有的成长都是可以举一反三的。

每个孩子上学都会带来自己的水杯，有的孩子把它们放在桌子上，有的孩子把它们放在抽屉里，但是一不小心杯子会掉在地上，发出的声音震天响，如果是在上课的话，会把老师和同学"吓坏"的。有老师反映，自己就曾在课堂上被杯子落地的声音打断了思路！

"老师，我们可以沿用这样的方式呀！"一个孩子指着愿望瓶说。

"具体说说看！"我看着他。

"就是放的方式和愿望瓶一样，位置在后面！"他指着后面的窗台说。

"可是，瓶子和杯子不一样啊！"我引导着。

"也是，水杯是每个人经常要用的，如果不能固定放在一个地方，每次找也很麻烦。"

孩子们的反应总是很快。

"我有办法了！"另外一个孩子立马醒悟过来，"老师，我给每个位置贴上一张标签纸，再放上一张厚厚的透明塑料布。这样，是不是解决所有的问题了！"

教室里一片寂静，我伸出大拇指点了个赞。这时，所有的孩子也都学我为他竖起了大拇指。

（四）思维验证的结果是"重构"

通常，我们习惯于模仿，这是较低层次的学习和成长。一个人真正的成长是形成自己的思维模式，构建自己的价值取向，我们将它称作"思维的重构"。

经过开学活动和摆"愿望瓶"、水杯的活动，孩子们懂得了规则，并且明白了在生活中运用规则的方式，班级也将逐渐走向班集体。可是规则教育的关键是化于行，那么就要让孩子们不仅遵守规则，还能形成属于自己的规则。我依旧把问题扔给了孩子们。

"班级的成长需要一些规则，就比如这一天的事情，我们要安排，需要从哪些角度思考呢？"我不喜欢直接告诉孩子们具体的答案，我想要用框架的形式和对影响因素的判断，引导孩子们思考自己要做的事情。

"老师，我觉得我们要知道，在什么时候做什么样的事情！"

"说得好！你得到了两个因素，一是时间，二是任务。还有吗？"

"老师，我觉得我们还要知道要求，就是任务该怎么做。有的时候，我们根本不知道要做这样的任务，是不是应该有一种要求或者提醒呢？"

"孩子，我们可以提供指令，也就是说，要做这样的任务的时候，我们可以用指令的方式提醒大家！"

"谁提醒呀？"一个孩子插话进来。

"好，又是一个新的因素，那就是谁来做！还有吗？"

"老师，我不知道对不对，但是我想说一下。"一个孩子迟疑地举起手说了一半。

"当然可以呀，只管说！"我鼓励道。

"老师，我觉得有的人未必会做得好，但是我们可以设立一个提醒或者监督的人，这样可以吗？"

"很好呀，但是我觉得监督不好听，我们是不是可以设立一个'关注者'？有了这样的关注之后，整个规则的系统就能做到完整和完善。"我接着说，"我们现在确定了规则的五个要素——时间、任务、指令、执行者和关注者，它们足以让我们构建属于自己的班级规则。接下来，我们就有一个任务：选择一个规则制定小组，制定规则的模板，大家讨论通过。"

突然，又有孩子举手："老师，如果有人不遵守规则，怎么办呢？"

"惩罚呗！"

"对对对，惩罚！"这个观点得到了很多人的赞同。

我补了一句："可是，怎么惩罚呢？惩罚也应该有规则呀！"

"站后面！""站着上课！""跑步！""叫家长！"……

孩子们的想象力十分丰富，足见他们曾经经历了"丰满"岁月。

"那么丰富呀！"我调侃了一句。

"要不，我们就简化为——全部叫家长！如果有人犯错的话，那就一律叫家长！"

我心里咯噔一下，这个孩子想要树敌吗？

果然，一批孩子大喊："你想干吗？怎么可以这样？"我能够理解，孩子们对于"叫家长"这一种"酷刑"是很不喜欢的。

"老师，惩罚应该是这样的——不同的错误对应不同的惩罚方式，我们怎么可以把所有的错误等同视之呢？"

这个说法倒是真的很有意思，我不禁追问："那你的意思是？"

"我的意思就是，我们进行分级对待，严重的错误对应严重的惩罚，就像法律一样。其实，对于错误的分析和区别对待，也是一种规则呀！"

我眼前一亮："是呀，我非常同意！那么接下来就是怎么制定的问题了。你来主导制定这个规则，好吗？"

"好！"他坚定地点点头。

"欢迎随时咨询哦！"我提醒了他一句。他也笑了。

我们在讨论实践的基础上，开始了重构规则的行为，这个过程不再是运用规则，而是建立属于自己的规则。

三、整体：价值的融合

活动的核心是在过程中形成价值，成长价值的建立就是教育发生的标志。一般说来，价值融合的过程分成：价值认识、价值澄清、价值判断和价值形成。"认识"是确定目标，知道为什么而活动；"澄清"是了解活动中的品质，并明确自己成长的方向；"判断"就是判断能否得到应有的品质；"形成"就是最后有感悟和成长。

（一）价值形成的前提是品质定位

教育价值形成的前提是我们清楚要传递什么样的价值认识，培养什么样的人，培养什么样的品质，即确定价值形成的目标。

  开学初期，孩子们的状态似乎还在暑假模式。小戴连续两天迟到，虽然首日有点惊慌失措，但是次日依旧如此。我偶尔走过窗前，总能看到小戴还有几个孩子手撑着脑袋在无精打采地听课。我能够理解那种身体和心理的懒散，就如同这几天每"撑"完一节课的时候，我也是浑身无力地靠在座位上。

  但这是九年级的开始，马上又要迎来中秋和国庆，待他们"醒来"，一个月就已经过去了。如果这一个月，他们都是这样的散漫状态，实在浪费不起啊。如何让孩子们更快地、更主动地醒过来呢？

  说教的教育效果自然可想而知，我也不期望通过"口沫横飞"就能让他们幡然醒悟，所以，我在自学课上玩了个游戏。

  我带着装出来的"惊慌"冲到教室："3分钟内，赶紧到操场上集合，男生一队，女生一队。快点，要发生大事了！"

  "啊？！"孩子们刹那间被我震住了，惊骇地对视了一下，赶紧手忙脚乱地站起来，迅速整理好桌椅，朝楼下飞奔。

  我赶紧在背后大喊一声："保护好自己，谁要是在下楼的过程中不小心崴了脚，那是要受到惩罚的。"

  孩子们哄堂大笑，但是明显更小心了。

  2分30秒后，孩子们已经规矩地站好了。从五楼到一楼，从整理教室到一楼集合，他们的速度并不慢。

  我从男生队伍中拉出了予和程，从女生队伍中请出了文和琪。

  "大家注意啊，我们玩个运'货'的游戏，这就是'货物'。"我指着他们四个人说，"我们要把这四个货物运到操场对面的双杠之上。"我一说完，全班同学指着他们四个人大笑，他们也忍不住笑了。笑得最诡异的是予，因为他身高186厘米，体重190斤。也许他在等着看好戏吧。

我转身对大家说:"我宣布比赛规则,大家要把'货物'从操场这边运到另外一边的双杠之上,但是货物离地的最低距离应该超过50厘米。我在终点等着各位。在开始之前,男生女生组都有3分钟的讨论时间,要准备什么、怎么计划,我就不说了,大家自己看着办。"

话音刚落,孩子们就围在一起开始讨论了。

他们讨论的重点主要是:第一,挑选哪几个人运货?第二,以什么样的方式运货?第三,抬起的高度万一不够,旁边的人做什么辅助?第四,能不能够一口气抬到?第五,最后怎样抬到双杠之上?这五点基本上概括了从开始到结束可能会遇到的问题,从中能看出孩子们思考问题已经具备系统性。

"预备,开始!"

孩子们用自己的方式,将手搭成"桥",把"货物"一抬,就冲着终点过去了。他们扛着"货物"前行的时候,一路上欢乐的样子让人开怀。两个"货物"则是十分紧张,紧紧地抓着下面的人。但是,没有人在乎"货物"的感受,他们更不管那一堆"货物"脸色如何苍白。

比赛的时间很短,但孩子们都很开心。

"今天,我想要通过这个活动传递三个关键词。第一个是思考。我们做任何事情之前,一定要思考,思考过之后,才能行动。从今天大家的表现来看,很好。我们通过思考,明确了行动的方式,构建了行动的系统,这让我看到了你们是一群有头脑、有想法的中学生。第二个是共同。就是说,在做任何事情的时候,只要是一个团队的任务,我们就应该共同参与。刚才的"货物"并不轻,但是我们依旧完成了任务,因为虽然困难很大,但当我们共同参与时,每个人分摊的困难就小了。第三个是规则。其中一组在即将完成任务时,"货物"竟然掉下来了,但是他们遵守规则,回到起点重新开始,直到最后完成任务。在行动中遵守应该有的规则,是行动中最值得尊重的要点。"我停了一下,让孩子们消化我的话,接着引到当下的现状,"中考即将来临,我们应该具备这样的三个品质:第一,在学习、活动时,要三思而后行,只有通过思考建立行动系统,才是有效的开始;第二,我们要共同面对,青石班给了我们一个良好的学习环境,我们应该一起面对中考,相互帮助,共同提升;第三,在学习中遵循内在规则,遵守规定的方式,不要靠着体力死命地学习,那样不仅低效,还浪费时间。"

孩子们应该都听明白了,回教室的途中,一个个神色安静。很明显,他们都在思考。

(二)价值形成的关键是活动的适切性

在教育中,解决问题的核心在于"怎么做"。在活动中,我们的核心就是"如何设计活动",让它能真正引导主体追寻教育的价值。适合学生的活动更能激发学生的主动性。

在活动设计中,我们引导学生成为更好的自己,主要从四个步骤入手:

1. 确定适切的目标。只有基于学生的行为表现、阶段特点、心理需要和问题特征四个方面,确定活动目标,才能奠定活动基础。确定了目标之后,我们要分析其内在的核心品质,以此作为活动设计的出发点。

2. 选择适切的内容。什么样的内容吻合学生的需要、兴趣、身心特征,什么样的活动就能吸引学生,引导学生主动参与并思考。这是活动设计的重点。

3. 挖掘适切的价值。活动想要发挥作用,关键是活动本身有适切的教育价值。学生在活动中基于经历、反思、感悟,在问题的引导下,感受活动的教育价值,并结合自身的经验有新的认识与改变,这是活动设计的意义。

4. 设计适切的活动。活动设计最直接的外在表现就是操作方案。前三个步骤是对活动内涵的深入,这一步是对活动外延的拓展。设计活动就是要直接分解活动的操作方案,看每一步做什么、怎么做、做成什么样,包括活动参与的操作,活动过程的设计和活动效果的评价。这是整个活动的综合。

在活动设计的四个步骤中,从效果来看,核心点是"挖掘价值";从操作来看，核心点是"设计活动"；从评价来看，核心点是"确定目标"；从学生来看，核心点是"选择内容"。所以，四个方面缺一不可，体现了活动设计的需求，也是学生成长的有效载体。

（三）价值形成的核心是人的成长

活动传递什么样的教育价值，关键是看过程中有哪些人的成长，这是价值形成的终极标准。

学校做了两个分层班，选拔了75名学生进入，这是因材施教的实践，但是会影响班级建设。一个班级中学习成绩最优秀的孩子被选走了，无论从哪个角度来看，影响都是巨大的。全校共14个班级，我班被选走了12个人，占班级人数的四分之一。开学后，我发现，被选走的不仅仅是人，更是氛围和活力。

返校的第一天，很多孩子眼里带着质疑。有孩子说："老师，我们该怎么办呀，我们班还有希望吗？"有孩子说："老师，您会留下和我们一起吗？还是您也去了分层班？"有孩子说："老师，学校是不是抛弃我们了？"还有一个孩子甚至"火上浇油"："老师，某个到了分层班的同学，暑假竟然故意对我说，'你们班如何如何，你们班怎么怎么！'怎么可以这样说原来的班级呢？那个时候口口声声喊的追光精神呢？"面对孩子的质疑，我竟然无法辩解。

面对教室里弥漫的无奈甚至还有一点绝望的灰色情绪，我该怎么办？如果处理不好，肯定会让班级氛围继续低落。

当表现较为优秀的孩子分层之后，常态思想就是他们是决定班级优秀与否的标准。但是，一个班级的优秀从来不仅仅是因为有优秀学生，而是因为整个班级的班风、班级制度、班干部、班级目标和活动等都很优秀。在这个问题上，我需要坚定孩子们对班级的信心，让每一个孩子懂得，一个班级的优秀源于众人的努力，源于自我的坚定，源于被唤醒的品质。所以，我选择了集体活动"牛顿环"。

"牛顿环"活动预案表

品质	坚定			
游戏名称	活动目标	活动操作	问题讨论和注意事项	备注
牛顿环	1.在活动过程中促进学生的讨论与思考，培养学生的协作意识；2.增加参与者的坚定性，包括信念、品质、行为等方面。	1.所有学生围成一个圆圈，依次站立，并协商好前后之间的距离和角度；2.在2分钟商量时间到后，依次将头放在后面同学的腿上，将腿作为前面同学的"枕头"，腰"躺"在辅助的椅子上；3.开始之后，裁判直接抽出椅子，并"一对一"关注参与者的表现；4.可以设计成小组之间的比赛，坚持的时间长者为胜。	问题讨论：引导一个团队引导者，用头脑风暴的方式，让更多的孩子参与进来。注意事项：在参与的过程中，不断地用语言强化学生的坚定信念，通过语言的引导，推动学生形成坚定的品质。	1.分组参与，小组人数一般控制在8—12人，也可以4人为一小组；2.时间按次数计算；3.场地不限，以室外草地为优选；4.要引导学生从参与者和旁观者的角度去体验过程。
教育点	1.在引导学生讨论的时候，确定讨论的方式和主导的学生；2.在学生难以支持时，用鼓励的话语引导学生坚定地相信自己可以；3.在学生成功或者失败的时候，引导学生思考原因；4.在学生反思的时候，引导学生以品质关键词的形式归纳原因。			

1.信心：从一种信念开始

想要帮助孩子建立信心，首先要知道他们需要什么。只有知道了孩子们要什么，才能确定自己可以做什么。面对一个"流失"许多优秀同学的班级，孩子们的想法很简单：我们班级还是过往的那个好班级吗？优秀的同学走了，班主任会不会"抛弃"我们？我们接下来该怎么办呢？

在三个问题中，一和三其实是一种信念和实践的问题，第二个问题是解决前两个问题的前提。从逻辑来看，只有先解决第二个问题，才能解决其他两个问题。也就是说，我要和孩子们确定，我是不会离开这个班级的，我是会将这个班级建设成为一个更好的班级的。这是孩子们拥有信心的基础。

可是如何让孩子们明白，我会一直陪着他们，我就是那个陪着他们过好初中生活的班主任呢？我准备找一个机会和孩子们深度谈谈。

我给孩子们写了一篇文章《追光之后更追光》。在文章中，我这样写道："我会一直在你初中的班级里，你不走，我不走！"周末，我把它作为"礼物"发到孩子们的微信群了。

周一上学，我发现孩子们看我的眼神中有跳动的喜悦。他们明白了，我是不会"抛弃"他们的。

2. 思路：从沟通中捋清需要

"今天的班会课，到小足球场玩个游戏吧！"

"好呀！"可以玩游戏，孩子们总是很兴奋。

"老师，玩什么样的游戏啊，能告诉我们吗？"

"哈哈，保密，去了不就知道了吗？"

我带着孩子们到了操场上。

"这样吧，先进行一个小调查。当我们知道有12个同学离开班级时，有多少同学对追光班丧失了信心？请举手！"

孩子们相互看着，不好意思举手，也不敢举手。

"没事的，我们只是就事论事，只是想要知道有多少同学很深刻地去思考过这个问题。我觉得这样想的同学很在乎我们的班级，他们思考得更多一些。"在我的解释下，有8个孩子迟疑地举起了手。

马上有孩子说："竟然不相信我们班，竟然不相信老方！"

我一看，要"坏事"了，马上大声地说："怎么了，不是就事论事吗？有这样的想法很正常啊，人越是在意一件事，就会想得越多。"孩子们才逐渐安静下来，这8个孩子的眼神也稳定了许多。

"当时，你们是怎么想的呢，能说说看吗？"

"我就是担心，那么多成绩优秀的同学走了，班级接下来是不是倒数第一了呢？"

"我在想，谁来当班干部呢？特别是小金走了之后……"

"还有，班级是不是没有学习氛围了呢？我有点紧张。"

"有的同学让我很无奈，他要离开，就离开吧，但是，他暑假的时候就一直和我说你们班你们班的，人还没有正式过去，就总是这么说话。这一年，没有老方，没有我们，没有这个班级，他能进步得那么快吗？"

……

打开话匣子之后，孩子们就控制不住了。

"来吧，一起看看，这些同学的反思，到底告诉了我们哪些担忧。其实，大家无非就是这么几个定论：第一，一个班级好不好，要看那几个成绩好的人；第二，一个班级能不能逐渐成长，要看那几个成绩好的人；第三，一个班干部好不好，就要看他的成绩好不好。"

孩子们一边摇头，一边对我说："老方，根本不是这样的，你的结论不对！"

我"装"作很奇怪的样子："你们的话不就是这个意思？"

他们有点蒙，但是想了想，好像也是。人有的时候身在局中，会对错误毫无知觉。所以，除了用教育方式"影响"孩子以外，更多的时候，需要思考这样的教育方式是不是被孩子接受，是不是可以进入孩子的心灵。教育，只有和人的心理相配的时候，才能深入。

3. 品质：从活动中衍生体验

"来吧，今天和大家一起玩个游戏，它叫'牛顿环'，是一种用自己坚定的信念和毅力来抵抗地心引力的活动。你们可以在活动中明白：真正成功，到底靠什么，到底是不是几个优秀的同学就可以决定的？今天，我们的游戏，就请这8位同学作为主要的参与者，其他同学作为辅助者和旁观者。每个人在自己的角度中，观察和思考问题。"

说完，我将孩子们分成三批。第一批就是那8个孩子，第二批是8个辅助拿着椅子的孩子，第三批是其余的孩子。

孩子们按照要求，围成了一个圈，依次靠在后面那个人的腿上，同时也把自己的腿提供给前一个人。由于腰上有椅子保护，当所有的孩子都躺下的时候，一切表现得都很稳当。

"好的，很好，接下来，我们要开始了！我们马上就要抽离椅子了，大家注意了！"孩子们马上进入了状态，一个个脸上都严肃起来了。

"好！注意了，3——2——1，抽！"只见椅子几乎在同一时间被抽开，孩子们的腰悬空了。

"加油！顶住！"大家开始为他们加油。

很快，孩子们的身体开始剧烈晃动，看来撑不住了。我能看出来，一是因为人员的顺序安排有问题，二是因为躺倒的姿势有问题，三是因为大家没有想到这事非常考验核心力量。只撑过了20多秒，有一环就"塌了"，随即，整个环就"瘫倒"在地上了。

这个结果似乎"印证"了孩子们的想法：原来我们这些人是做不好事情的。现场的氛围一下就冷下来了，孩子们似乎对这样的结果有点"无助"。

"怎么了？团队玩一个游戏，怎么可以这么草率呢？你们没有发现其中的问题吗？你们有经过思考吗？你们的讨论在哪里呢？你们的思维呢？"我连续地质疑，让所有的孩子都陷入了沉思。

"接下来，我只给你们一次机会，而且目标是2分钟。但是，现在我会给10分钟的讨论时间，开始吧！"

话音刚落，所有的孩子都围在一起了，都参与了讨论。这个状态我很喜欢。

10分钟很快过去了。

能够看得出来，他们的思考很到位。他们首先考虑的是人员的顺序，因为8个人的体形有不同，把重的和轻的交叉安排才合理。其次考虑的是每个人的姿势，就是每个人将自己的头放在后一个人的腿的哪个位置，才能分散受力。第三,万一撑不住了怎么办,怎么互相提醒,怎么互相鼓励?最后,就是根据性别差异,间隔着安排男生女生。

"预备——3——2——1!抽椅子!"

"加油!加油!"一阵阵声音在操场上响起。

"记住,任务的目标是2分钟!现在已经过去30秒了!现在除了坚信自己一定可以之外,还可以思考到底该具备哪些品质才可以让自己获得成功!"我不断地用引导语让孩子们学会思考。

"一分钟了!加油!"我看到有孩子在"浑身发抖"。很多孩子也发现了,大家都聚集到了他的身边。

"加油,加油!小董加油!"孩子们的鼓励开始转向他了。

"老师,还有多久啊?"小董涨红着脸,憋着粗气问道。

"快了,马上到了!"我一边看着手中已经超过的时间,一边装作马上就到了的样子。我想知道,他们最大的潜力是多少。

大家都不约而同地想要知道他们到底有多厉害,集体"忘记"了时间,都在喊着"加油!加油!"

时间过去2分30多秒,终于有人撑不住了,瘫在了地上。但是,所有的人说的第一句话都是:"用时多少?过了吗?"

"2分37秒!"

"耶!"8个人从地上一跃而起,兴奋得宛如中了大奖!

我让他们冷静一会儿。

"现在,你们会想到什么呢?"我微笑着看着大家。大家都不说话了,或站着,或坐着,一脸严肃。

4. 坚定:从反思中获取品质

"每一个活动都有它存在的价值,它能够给我们带来什么,你们在参与的时候,是否想过这样的问题呢?"我对着孩子们说。

看着他们若有所思的样子,我继续引导:"在过程中,可能会有很多收获，但是很多思考其实和我们的主题无关。我们在反思的时候，要根据主题，明确自己的反思方向，那样才能对成长有用！我很期待各位的反思，今天晚上大家就写写自己的感受，我也想看看各位的思想深度。同时，我还要告诉大家，下周我们将要分组玩这个游戏，每一组都应该超过2分钟，我要看到我们对新追光班的坚定！"

班会在孩子们的轻声讨论中结束了，可是我知道成长远远没有结束。

学生的感悟：

【潘锦乐】从昨天老方准备的一个游戏中，我看到的是8个人的坚定和齐心协力。第一次，可能因为准备不充分，他们失败了；第二次，他们8个人准备了好久，我就看着那8个人顶着烈日摆来摆去，最后居然成功地挺立了2分多钟。我为他们感到自豪。

我们的行动把牛顿的棺材板敲得砰砰响，我们用坚定的信念克服了地心引力。我虽没有参加，但我从他们咬牙切齿的状态中看出了反地心引力的痛苦。可咱班同学仍能坚持长达2分钟，这需要多么强大的毅力啊！可见咱追光班整体素质之高、团结力量之大。

【张任羽】今天下午上了一节不一样的班会课。我们搬着椅子有些不知所措地下了楼，站在足球场外面，老方问了我们一个很严肃的问题：对于有12个同学离开的追光班有谁怀疑过？严肃的问题换来一片鸦雀无声。最后在老方的"拷问"下，有几个同学吐露出了自己的心声：似乎有这样想过。吐露心声的8个同学参加了一个游戏，一个看起来似乎很简单的游戏。

我站在他们的旁边，默默地观察着一切。在阳光的照射下，他们汗如雨下。扭曲的脸、咬紧的牙关，向我们证明着他们的坚定。每一个人都在付出，每一个人都在坚持。随着时间一分一秒地过去，有些同学的体力开始透支，腰渐渐地往下"走"，但又在旁边追光者们的加油声中慢慢抬了起来。

直到真的撑不住了，8个人重重地摔在了草坪上面。似乎这也说明了，一个团队若有一个人撑不住了，这个团队也就撑不住了。

　　一个团队是完整的，少一个也不行，所以新追光班要团结一心，不畏一切困难！我们要坚定地相信，新追光，一定可以的。

　　……

第四章

制度建设：班级建设高度的体现

班级建设早期，规矩需要建立，规则需要形成，行为需要规范，事务需要分配，各种问题接踵而至。面对多重任务的要求，许多班主任在班级建设中，几乎都选择了同一种做法——制度建设。

班级制度是班级文化的具体表现，一个有制度的班级，验证了班级建设的合理性、具体化和发展性。制度能够给班级建设带来规范的方法、建设的范式和发展的方向。所以，衡量一个班级的建设高度，制度可以作为评价标准之一。

班级制度是班级文化发展的载体，是学生为了建设班级、完善自我而建立的规则，它们能够帮助学生成长，推动班级发展。在制度建设中，需要关注五个方面：制度建设的种类、制度建设的步骤、制度建设的关键点、制度建设的"先后"问题、制度建设的高级样态。

一、制度建设的种类

班级管理需要哪些制度，这些制度分为几类，这是制定制度之前需要明确的问题。只有从宏观上了解制度的概况，才能在建设制度的时候，建立可能的逻辑。

关于班级制度的种类，从内容角度，可以分成整体制度和专题制度。整体制度是管理班级运行的制度，是满足班级建设与发展需要的制度，平时统称为班规。专题制度，是针对班级建设的某个方面的规定，譬如图书角管理制度、卫生角管理制度、绿色植物保护制度，等等。整体制度和专题制度，在班级建设的不同领域发挥不同作用：整体制度关注宏观建设，专题制度关注班级的主题建设。

从评价角度，可以分成主动的制度和被动的制度。主动的制度是引导学生主动完成任务，实现成长的制度，譬如我班的因材自教制度、计划打卡制度等。被动的制度，是评价学生行为的制度，它根据学生的表现，从不同角度进行评价，以促进学生改变，譬如小组评价制度、值日卫生打分制度。主动制度和被动制度在不同阶段对学生有不同的促进作用。

从学生角度，可以分成参与性制度、目标性制度、过程性制度和终结性制度。参与性制度，就是引导学生参与班级建设的制度，譬如一日工作流程制度。目标性制度，就是为了达成某一目标制定的制度，譬如运动会冠军制度。过程性制度，就是体现班级建设和人的成长过程的制度，譬如时间管理制度。终结性制度，就是针对学生成长的结果进行评价的制度，譬如考试奖励制度。

二、制度建设的步骤

制度建设主要有五个步骤。以卫生制度为例，这是为了解决班级卫生问题，创建整洁有序的班级而制定的。在制定的时候，我采取了让学生主动做，并且通过学生认同，最后我来修改和完善的方式。总的来说，制度建设的逻辑是基于事件分解"目的—目标—任务—要求—安排"，过程中教师引导，学生参与，逐层递进。

（一）宏观架构

制定制度的前提是了解规范的内容和管理的角度，理解在"目的"之下的具体"目标"包含的角度。这是从宏观角度认识班级建设并分解班级建设的内容。

在班级建设中，班级物理环境的有序将会影响班级成员的行为秩序。所以，以班级卫生制度为例，我们的目的就是打造一个五星级标准环境的教室，建立合理的规则，养成良好品质。

在"目的"的指导下定义的"目标"，有三个方面的内容：一是班级的卫生打扫，二是班级卫生角的整理，三是班级日常卫生的保持。这三个方面，在宏观上界定了班级的日常卫生内容。接下来，只要从这三个方面入手，逐步具体化就可以了。

（二）细节分枝

建立制度是为了解决问题，所以，制度的最大特点是有针对性，能够针对具体问题有解决措施。这体现了制度的合理性。从逻辑上来说，细节分枝是为了达成"目标"界定的"任务"。通过这个步骤从抽象的要求过渡到具体的内容，是制度制定的关键。

在班级卫生制度的制定中，以"班级的卫生打扫"为例：

它需要了解三个问题：扫哪里？谁来扫？难度值如何？就是具体的打扫内容是什么？有多少人可以安排？每个人的任务难度是否大致相当？

扫哪里？包括教室内、教室外，细节整理、整体效果。谁来扫？有两种方式，一是每天定人负责定点问题，二是每天一组学生动态负责。平衡"难度值"，就是针对内容的量、耗费的时间、耗费的精力，综合三者，模糊设置岗位，让学生自主承担，相互合作。

根据"任务"安排，"教室内"分成教室空中、教室周围和室内地上，"教室外"分成周边三米和绿色植物；"细节整理"根据空间分成内部细节和外部细节；"整体效果"主要是综合查看。我们以空间区域为划分角度，把教室分成各个部分，并在这样的基础上设置"任务点"。以"教室周围"为例，界定了六个任务点：空调表面、黑板无痕、洁具整齐、愿瓶陈列、桌椅摆放和讲台有序。

石心班五星级标准班级卫生建设表

常务部长：　　　检查者：　　　时间：

区域	内容	任务点	卫生标准	难度值	人数	负责人	周一	周二	周三	周四	周五	总评
教室内	教室空中 2.5	教室玻璃	没有指纹	中	0.5							
		窗户整洁	边框无尘	小	0.5							
		墙壁灰尘	没有痕迹	大	1							
		门关洁净	素净如新	小	0.5							
	教室周围 3.5	空调表面	无尘可拭	小	0.25							
		黑板无痕	无痕如昨	中	0.5							
		洁具整齐	已洗有序	大	1							
		愿瓶陈列	与边相切	小	0.25							
		桌椅摆放	吻合地线	中	1							
		讲台有序	老师悦目	小	0.5							
	室内地上 4.25	地板如新	拖地无渍	大	2							
		讲台缝隙	洁净无杂	小	0.25							
		抽屉安排	整齐有序	大	1							
		柜内整齐	物不过半	大	1							

续表

区域	内容	任务点	卫生标准	难度值	人数	负责人	周一	周二	周三	周四	周五	总评
教室外	周边三米 0.75	踏垫干净	正反无灰	小	0.25							
		通道无尘	已扫无尘	中	0.5							
	绿色植物 1.25	落叶不在	整理落叶	小	0.25							
		花盆整洁	擦拭两遍	中	1							
细节关注	内部细节	内部整理	细节到位	小	0.5							
	外部细节	外部修整	符合标准	小	0.25							
综合管理	综合查看	整体检查	完全合理	中	1							

（三）操作可行

制度的作用体现在它的可行性操作中，一种制度有效就是因为它可以操作、可以实践。操作可行主要表现在：一是具体化，能够结合班级的现状；二是有步骤，让人一看就知道怎么做。操作可行其实就是对"任务"的实践"要求"。

在"任务"的基础上制定的相应"要求"，其实就是班级卫生制度的操作步骤。它结合了分工区域、内容、任务点、难度值、人数和负责人，从六个方面定位并直接操作。

六个方面融合起来一共有四个操作步骤：1.根据各个区域，确定分工的内容；2.将内容分解为任务点；3.确定任务点的难度值和应该安排的人数；4.合理分工或者自主选择。四个步骤体现了"什么人在什么地方完成什么任务"，从管理学角度来说，就是"何人在何处做何种任务"，定位到人，任务驱动。

（四）评价有效

评价不仅仅是一种衡量方式，更是以制度推动发展的动力。所以在制定制度的同时，需要制定评价方式。评价需要满足两个条件：一是容易操作，就是评价方式要简单、清晰，以最合理的方式评定任务完成的状况；二是动态调整，就是评价的标准和任务内容、任务难度、完成人数有关，不在于精细评价，而是以模糊的评价方式看到评价的作用，促进班级和人的成长。

班级卫生制度的评价是点对点的具体评价。点对点，即每一个任务点都有相应的评价；具体评价，即评价是具体的表达，而不仅仅是所谓的分值。譬如，对"教室玻璃"的评价是"没有指纹"，对"窗户整洁"的评价是"边框无尘"，对"桌椅摆放"的评价是"吻合地线"，等等。每一个任务点都有属于自己的评价标准。

（五）调整完善

制度的建设是一个过程，它包括制定、实践、反思、调整和完善。制度要随着环境的改变、学生的成长、学生身心特征的变化而变化，所以，在制定制度之后，还要根据具体情况不断地调整和完善。

调整完善分成三个步骤：第一，制定与实践，制定后多进行磨合性实践，只有在实践中才能看到制度的不足；第二，反思与分析，反思在实践中遇到的问题，分析问题背后的原因，找到需要调整的点；第三，调整与完善，通过调整，获得学生认同，完善制度。这其实是制度的二次发展过程，也体现了制度的人性化，能更好地为学生的成长服务。

三、制度建设的关键点

一项制度的影响因素有目的、内容、操作、人、尺度、评价等，但是其中关键的影响因素才是决定制度建设的核心。从制度建设来看，它的关键点在于：目的是什么？操作简单吗？评价跟得上吗？主体认同吗？

（一）目的是什么？

制度建设的出发点是影响制度实施的关键，所以制定制度之前一定要知道为什么而做。一般说来，制度建设的目的有三个：培养人的品质，进行班级建设，培养班干部能力。培养人的品质是目的的核心点，它可以预防制度重形式不重内容；进行班级建设是落脚点，它让制度有步骤可行，大家能就事论事；培养班干部能力是发展点，在制度实施的过程中引导班干部提升自我能力，能让制度得到更好的发展。"目的是什么"，决定了制度建设的方向。

（二）操作简单吗？

好制度一定是简约的，复杂的一定不是好制度。好的制度在操作的时候一定是简单的，能够让制度直接发挥"规范"行为的作用。操作简单包括三个方面：理解简单，就是让人能一看就懂；步骤简单，就是步骤不多，学生可以直接用在班级建设中；评价简单，就是评价方式一目了然，出手就能做，做了就看得懂。"操作简单吗"，决定了制度本身的生命力。

（三）评价跟得上吗？

评价是制度的有效组成部分，是推动制度执行和人成长的动力。评价能够跟上制度，是制度可以持续的关键。评价的跟上，要看人和内容两个角度：从人的角度，要看是否针对人的行为的评价，是否有助于调整人的行为；从内容的角度，要看是否能够合理评价工作，是否能够评出工作中不合理的地方。"评价跟得上吗"，决定了制度发展的动力。

（四）主体认同吗？

制度归根到底是为人的成长而服务的，所以，人的认同是制度有效实施的关键。班级建设的制度，一定是得到学生认同后，才能更好地发挥作用。主体认同包括制定的参与、实施的认同和反思的关注。制定的参与，就是在制定制度的过程中每个人都参与进来；实施的认同，是指制度在实施前获得参与者的认同；反思的关注，是指在实践中大家针对制度存在的问题进行反思，并提出自己的意见。"主体认同吗"，是决定制度有效实施的基础。

四、制度建设的"先后"问题

班主任工作是一种很"奇妙"的工作，有很多很多让人"意外"的事情。有的时候，付出同样的时间，效果却很不一样；有的时候，使用同样的方法，可是得不到想要的结果；还有的时候，和同事一样同步干活，可是班级的成长很不相同。很多班主任为此感到无奈，甚至是愤怒。最终，一般会有两种结果：第一种是放弃，认为班主任工作太难了，自己无能为力；第二种是埋怨，将其中的原因推给学生，认为就是学生太难教育了，才导致自己的班主任工作遇到困难。

其实，我们都知道，这不是真正的原因。教育效能出现差异，甚至只是因为制度建设中的几个"先后"问题。这是制度建设的逻辑，是遵循学生身心特征和教育规律的顺序安排。只要能够处理好几种"先后"问题，相信带班会变得简单有效。

（一）先仿名师后自创新

很多人解决问题，常用的方式就是阅读，阅读名师做法，然后进行模仿。开始时总是十分期待，认为名师做法加名师说明一定能帮自己解决问题，但是结果无比失望。于是，很多人就怀疑名师的做法，甚至开始质疑他们的成功是靠胡乱吹嘘。

有一句话叫作——我们懂得了那么多道理，但是仍然过不好这一生。这句话解释了模仿不成功的原因。其实，我们可以选择模仿他人，再经过自己创新，然后用于实践。

名师有三个可模仿之处。第一个是名师思考问题的独特方式。所以，在模仿的时候，要注意我们想要的方法人家是怎么思考出来的，这就是思维。第二个是名师理解概念的合理逻辑。能合理分析事情，采取正确方法，这是生成教育效果的关键。第三个是名师界定问题的体系性。名师界定问题时，从来不仅仅是就问题言问题，他们以问题为核心，构建解决问题的体系，这就是宏观思维的作用。

譬如班主任常常会疑惑："为什么讲了很多次，学生还是不听？为什么制度建设好了，学生就是不想遵守？"其实，一个问题的逻辑、思维和体系是隐含在事物内里的，我们应该这样思考："学生不接受观点、不遵守制度的原因有哪些？我们制定的制度、确定的目标学生为什么不接受？什么样的目标学生才能接受？"

我们可以得到这样的结论：第一，学生不接受观点、不遵守制度，是因为他不理解改变、遵守能带来什么；第二，制度与目标无用的原因是它们无法激励人们的士气，它们无助于衡量成功，它们没有提供当前的方向，它们没有挑战性，它们太冰冷，它们总是在限制我们；第三，优秀目标的四大标准是——鼓励你付出更大努力，有助于对成功进行衡量，有助于对付出的努力进行评估，保证你的日常工作有助于你获得想要的最终结果。

只有这样在体系构建的基础上思考制度的影响，我们在建设班级制度时，才能从低效走向高效。

（二）先做"规范"后做"个性"

班级建设就是一个班级走向班集体的过程，需要规范人的行为，建立班级精神。这是班级发展的层次，它的进程是从"规范"走向"个性"。从班级角度来说，做"规范"是班级制度的创建的过程，是以要求的形式"规范"人，包括班级在学习、行为和思想方面的风气。做"个性"是人的品质的形成过程，是班级精神建立的重要方式，是班集体生成的标志。

个性化的自我发展是建立在规范的基础上的，就是说，先做"规范"，后做"个性"，才是吻合成长规律的。从学生角度来说，"规范"包括学习习惯、行为、思想逻辑等方面，涵盖了一个学生学习生活的全部，这是学生适应学校生活的关键能力。学习习惯规范就是一个人的学习态度端正、学习行为合理和学习能力达标；行为规范就是遵守学校和班级规则；思想逻辑规范就是一个人的品行合乎道德。"个性"是一个人的成长品质，它是针对人的当下状态的可持续发展。

先做"规范"后做"个性"，首先要确定不同年段的不同规范，其次要明确不同的规范如何实践，最后要明确这个年段学生的成长目标是什么、方向在哪里。

以前面提到的石心班七年级的成长套餐包为例，我们从入学前、习惯、集体观念、制度、班干部、学习计划、家长会、学习品质等多方面建立了规范。同时，在规范之外，我们制定了以"坚"为核心的个人品质发展图谱。通过动态的自主选择，根据学生自我特点，我们引导学生成为"坚定、坚韧、坚持、坚毅、坚强"的人。

（三）先做"集体"后做"个人"

接手一个班，它就像一个"摊子"，事情巨多，而且不分轻重缓急。选择什么先做、什么后做；重点做什么，把什么先放着，都是一种策略。很多人以为不管做什么事情，只要在做事情，那结果都是一样的，但是，每件事情的内在因素是不同的，它们会影响事情的发展，改变任务的结果。换个角度说，不明白做事情的"先后"顺序，就会浪费很多时间，降低效率。

一般说来，班主任工作，先做"集体"，后做"个人"。先做"集体"，就是先做集体的氛围、教育目的、班级文化、班级活动、学习习惯等方面。后做"个人"，就是后做个人的调整、问题学生的转化、学生的个性化发展等。因为，从时效性来说，整合班级最重要的是班级整体氛围的构建；从逻辑来说，从整体到个体，是集体主义教育的顺序；从顺序来说，我们做好从集体到个人的顺序，才能营造良好的班风，发挥更多人的作用，推动学生的自我教育。

先做"集体"，在开学的时候需要从五个角度入手：班级规则与导向、班级教育目的、班级文化、班级活动和班级规章制度。其中，班级教育目的是方向，班级规则与导向、班级文化和班级活动是载体，班级规章制度是辅助，这三大类决定了一个班级是否可以尽早成型。我们制定了"追光班一日工作流程"(2016—2019)，基于班级制度，从集体角度，培养学生的规则意识。

追光班一日工作流程 (2016—2019)

阶段	时间	活动内容	活动指令	负责人	关注
上午	7:20	值周组长、值日班干部到校，管理晨阅纪律，督促已经到班的同学做"七件事"	进入教室，请开始做"七件事"！	值日班干部	
	7:25	开始交作业，把迟到者的名字写在黑板上，并按因材自教处理，值周组长查卫生	现在开始交作业，请闭口不言！	值日班干部	
	7:29	结束交作业，进入语文阅读批注时间	停止交作业，课代表行动，其他同学请进入语文阅读批注时间。	值日班干部	
	7:30	做语文阅读批注（30分钟）	语文阅读批注时间开始。	值日班干部	
	8:00	语文（英语）晨读	阅读批注时间结束，请开始今天的语文（英语）晨读。	语文（英语）课代表	
	8:23	晨读结束，准备课前用品，检查细节	请准备好本节课学习用品！	内事管理员	
	8:23	第一节课预备铃响，管理秩序	上课标准：眼＋心＋手＝合格。	内事管理员	
	9:05	第一节课下课，管理课前学习用品准备	请准备好下一节课学习用品！	内事管理员	
	9:15	第二节课预备铃响，管理秩序	上课标准：眼＋心＋手＝合格。	内事管理员	
	9:55	第二节课下课，开始跑操，结束后管理课前学习用品准备	请准备好下一节课学习用品！	外事管理员	
	10:15	第三节课预备铃响，管理秩序	上课标准：眼＋心＋手＝合格。	内事管理员	
	10:55	第三节课下课，管理课前学习用品准备	请准备好下一节课学习用品！	内事管理员	
	11:05	第四节课预备铃响，管理秩序	上课标准：眼＋心＋手＝合格。	内事管理员	
	11:45	第四节课下课，值周组抬饭箱，检查细节	请值周组同学完成午餐准备！	值日班干部	

续表

阶段	时间	活动内容	活动指令	负责人	关注
中午	11:45	播放午间新闻，管理用餐秩序	请大家吃饭的时候，关注时事，并在饭后做好记录和感悟	信息大使	
	12:10	结束用餐，值周组抬饭箱，检查细节，值周组拖地	请各位公共资源负责人各归各位！	值日班干部	
	12:13	开始午间社会阅读	午间社会阅读开始。	值日班干部	
	12:30	午阅结束，进入午间理科作业时间	作业标准：不言不语，不动不散！	值日班干部	
	12:50	理科作业结束，进入科学准备时间	拿出科学书。	值日班干部	
	13:00	午修学科时间结束，进入睡眠时间	关灯，拉窗帘，请照顾身边的人。	值日班干部	
下午	13:28	第五节课预备铃响，管理秩序	上课标准：眼＋心＋手＝合格。	内事管理员	
	14:10	第五节课下课，管理课前学习用品准备	请准备好下一节课学习用品！	内事管理员	
	14:20	第六节课预备铃响，管理秩序	上课标准：眼＋心＋手＝合格。	内事管理员	
	15:00	第六节课下课，管理课前学习用品准备	请准备好下一节课学习用品！	内事管理员	
	15:10	第七节课预备铃响，管理秩序	上课标准：眼＋心＋手＝合格。	内事管理员	
	15:50	第七节课下课，管理课前学习用品准备	请准备好下一节课学习用品！	内事管理员	
	16:00	第八节课预备铃响，管理秩序	上课标准：眼＋心＋手＝合格。	内事管理员	
	16:40	第八节课下课，检查细节		细节大使	
	16:45	通知老方，老方讲话		值日班干部	
	17:00	老方结束讲话，三分钟时间抄写作业布置	接下来三分钟，抄写作业布置。	值日班干部	
	17:03	抄写作业布置结束，三分钟内无关人员离开教室	三分钟内，无关人员离开教室。	值日班干部	

续表

阶段	时间	活动内容	活动指令	负责人	关注
下午	17:06	值周组卫生清理（15分钟）		值周组长	
	17:08	千圈跑		外事管理员	

（四）先析原因后寻方法

在实际操作中，我们往往制定了制度，却发现制度无效，解决不了问题。该怎么办？

制度是一种方法，我们在面对问题的时候，应该先析原因，后寻方法。

很多老师反映，在班级管理中，孩子们并不在乎班规。我们可以从原因和方法两个角度来解决这个问题。

从原因的角度来看，制度管理本身是这样一个过程：散乱—规则—制度。也就是说，我们用制度进行班级管理会经历一个学生"规则意识"的培养过程。这是一个从班级到班集体的建设过程，也是班级从有序到有意义的过程。

从方法的角度来培养"规则意识"，应该明白三个问题——"规则是什么""规则有什么""规则怎么做"。这是从概念、影响因素和实践方式三个角度引导学生在活动中认识规则、懂得规则。带班中，我从"入门宝典"和班规讨论两个方面帮助孩子们理解了"规则是什么"；通过摆桌子、放杯子等活动，让孩子们在活动中懂得了规则建立的影响因素，并且能够判断哪些规则是合理的，即"规则有什么"；通过"一日工作流程"，让孩子从一天的角度分析我们要做什么，即"规则怎么做"。

经历这个过程之后，孩子们的"规则意识"基本已经建立。如果这时再回到用制度管理班级和学生行为，就简单多了。

五、制度建设的高级样态

制度建设的高级样态是系统。我所带班级的制度不是常规的制度，它是以"操作系统"的形式存在的，命名为"因材自教"班级运行系统。以青石班（2013—2016）为例：

"因材自教"是青石班班级操作系统的核心理念，在这个系统中，学生根据自己的材质，选择适性的方式进行自我教育，自主实现成长。

成长，我将之定义为"基于生命缺陷的可持续丰富"。在此，有三个关键词，分别是"缺陷""丰富"和"可持续"。"缺陷"是每一个人在生命成长中必然存在的不足，指明了在教育过程中我们要培养什么样的人，这是教育的目的。"丰富"是对教育内容的丰富，指出了我们培养的人要具备哪些品质，这是对教育内容的界定。"可持续"是教育的方式，就是说我们要明确每一个孩子的成长应该是可持续的。

（一）系统建设的目的

在三者中，最重要的当然就是教育目的了，它决定了我们培养一个孩子的源点。正如意大利的一句谚语所说：如果一个人不晓得把船开往哪一个港口，那吹什么风都不顶事。在班级建设中，教育目的决定了我们的行事逻辑和行事行为，教育目的的高度决定了教育行为的合理性。

青石班的教育目的是围绕一个"坚"字，做到坚定、坚持、坚韧和坚毅。这是从德智体美四个角度对人的品质的界定。

"德"要求做到坚定，这是对于人格品质的要求，主要培养的品质包括坚定、责任、温和和诚信。"智"要求做到坚韧，这是对智力品质的要求，主要培养的品质包括专注、努力、合作和反思。"体"要求做到坚持，这是对身体品质的要求，主要培养健康、坚持、参与和勇敢的品质。"美"要求做到坚毅，这是对艺术品质的要求，主要培养创新、欣赏、超越和奉献的品质。

（二）系统建设的内容

在系统建设中，要"因材"实施"自教"，需要考虑两个问题。先说第一个问题：我们有什么样的制度来呈现"因材自教"，促进成长？

寻求制度的时候，我们需要关注到成长这一目的。在此，我们需要明确三个问题：人是怎么成长的？教室中有哪些促进成长的资源？资源作为因素是如何组合成制度的？

我们将人的成长界定为对不同资源的摄取，在教室中发现了许多可以帮助学生成长的资源，并将所有的资源进行有效的分类：将个人的学习、生活、运动、发展类别的资源界定为个人成长中的资源，命名为个人资源；将班集体建设的岗位、任务、分工类别的资源界定为班集体建设中的资源，命名为公共资源。

我们从三个角度来解读个人资源：

首先，关于分类，我们将个人资源分为学习资源和生活资源。学习资源包括学习过程和学习结果。学习过程是课堂和自主学习，学习结果是作业、考试等方面。生活资源包括个人生活资源、团队生活资源和团队合作生活资源。个人生活资源是生活中的与己行为，包括自主、自理和自强；团队生活资源是生活中的与人行为，包括相处和合作；团队合作生活资源就是团队行为，包括团队生活中领导力和妥协力的培养。

其次，关于特点，我们在资源的呈现上体现出五个特点：第一，所有的资源都以"我要……"为心理暗示标签，让学生在自然的角度中习惯于主动行为；第二，各类资源以"层次要求"体现成长过程，让不同阶段、不同能力的学生都有属于自己的要求；第三，资源的选择和实践以"自主"凸显"自教"特质，让"因材自教"成为可能；第四，我们选择的品质培养方式为"细节—品质"，就是要以抓细节的方式培养学生的品质；第五，整体的资源实践以"我好，我们才好！"作为实践理念，让每一个孩子都重视自己，进而成就集体。

第三，关于实践，在个人资源的实践中，我们有三个要求。第一，该做什么？每个月都要选择8—10项资源，其中学习类和生活类的数量是"4+N与X"（其中一定要有4项是学习类，剩下的4—6项可以是学习类，也可以是生活类），以此确定每个月我们该做什么。第二，该怎么做？每一项资源都有相应的实践要求，并细致到了操作层面，能帮助实践者了解这一项资源该怎么实践。第三，做成什么样？对于每一项资源的实践结果，我们都是有要求的。譬如，我们做错题本的要求是：数学、英语、科学各学科一本错题本；错题本分四步走——抄、析、正、思；每周每学科至少做5题；周一主动申报给组长。

我们也从三个角度来解读公共资源：

首先，关于分类，我们将公共资源分成青石管理资源和青石承担资源。前者是班集体建设中偏重谋划能力培养的公共资源，后者是班集体建设中偏重实践能力培养的公共资源。

其次，关于特点，我们在公共资源的设置中体现出四个特点：第一，以"管理+承担"呈现资源的"主动"和"被动"，让学生明确行为的特质；第二，全班共41个岗位，班主任确定CEO（班长），CEO确定内外事管理员，其他资源的岗位，每人每次最少负责2个，以岗位推动实践的主动性；第三，岗位基于"学生兴趣+班级需要"设立，让每一个岗位都能够落到实处；第四，岗位数量多于学生数量，让每位孩子承担多个岗位，以此激发学生能力，保证管理的合理性。

再次，关于实践，在公共资源的实践中，有三个要求。第一，保证每个人可以根据喜好，进行公共资源的选择。第二，资源重在"合作"，培养团队意识；公共资源就是团队的资源，我们主要呈现这个特质。第三，选择重"因材"，实践出"自教"，就是说在选择资源的时候，让学生们"因材"选择，那么在实践中就可以引导他们"自教"了。

青石班"因材自教"运行系统——个人资源（2013—2016）

序号	资源分类		个人资源	实践要求（略）	资源价值
1	学习资源	考试	我要考到满分。		200
2			我要考到最高分。		150
3			我要考到95分以上。		100
4			我要这次考试进步。		30
5		作业	我要本周作业达到完美标准。		100
6			我要本月作业达到完美标准。		400
7			我要有自己布置的作业。		100
8		课堂	我要做到课堂上认真听讲。		200
9			我要做到课堂上积极发言。		100
10			我要做到课堂上积极提问。		100
11			我要有课堂笔记。		100
12		自主学习	我要到教室时，就开始晨读。		200
13			我要在午修时间认真自习。		250
14			我要经常向老师、同学求教。		300
15			我要完成当日的同步午修练习。		200
16			我要做好错题本。		200
17			我要做到有计划地学习。		250
18			我要积极参与学校比赛。		100
19			我要在自学课上保持独立、安静。		200
20			我要争取被老师表扬。		100
21			我要合作完成班集体活动。		100
22	生活资源	个人生活资源	我要每天预习、复习。		300
23			我要做到椅子和桌子规范相处。		200
24			我要诚实面对他人。		500
25			我要负责任地面对自己的事情。		300
26			我要做到不违反规则。		300
27			我要全心全意帮助他人。		200
28			我要控制自己的情绪。		200
29			我要遇到事情时主动提出建议。		200
30			我要做到被表扬后不骄傲。		300
31		团队生活资源	我要同心同德和众人参加活动。		200
32			我要在活动中与人合作。		200
33			我要时刻服从各岗位责任管理。		200

续表

序号	资源分类		个人资源	实践要求（略）	资源价值
34	生活资源	团队生活资源	我要学会妥协。		200
35			我要做到时刻维护集体。		200
36			我要帮助小组其他成员学习。		250
37			我要争取最佳小组。		250
38			我要一天内完成帮助他人的任务。		250
39		团队合作生活资源	我要积极主动承担组里的任务。		150
40			我要做到时刻维护集体荣誉。		150
41			我要承担自己应尽的责任。		150
42			我要愿意主动为他人服务。		150

青石班"因材自教"运行系统——公共资源（2013—2016）

序号	资源分类		个人资源	实践要求（略）	因材者	价值
1	青石管理资源	公共管理资源	青石 CEO			1000
2			内事管理员			700
3			外事管理员			700
4			美容总监			600
5			财政大臣			600
6			青石行长（2人）			600
7			青石银行职员（2人）			500
8			青石分部长（5人）			300
9			形象大使			400
10	青石承担资源	学习资源	学科代表（6人）			400
11			青石领读员（2人）			400
12			各部竞赛员（5人）			400
13		卫生资源	A 公地美容（4人）			300
14			B 公地美容（3人）			300
15			教室地面美容（2人）			300
16			教室空中摆设（2人）			300
17			整体细节整理			300
18		生活管理资源	青石电教员			350
19			青石宣传栏（3人）			300
20			阅书管理者			350
21			有话好好说			400
22			体育示范员（2人）			400

续表

序号	资源分类		个人资源	实践要求（略）	因材者	价值
23	青石承担资源	生活管理资源	博客管理员（博主）			550
24			公物爱护者			400
25			青石星贴吧（2人）			550

（三）系统运行的动力

第二个问题是：我们以什么为"动力"，推动学生"因材自教"呢？

记得电影《我们这样的人》中有一句话："世界上大多数门是关着的，所以如果你想进入某扇门，你的敲门声音最好有趣些。"对于儿童来说，能够吸引他们的，肯定也是有趣的东西。

我们从个人资源和公共资源的表格中，可以看出资源都有数字标准，这其实就是我们的"动力"。我们创设了青石班独有的货币——青石币，它有不同面值的票面。我们将资源的价值进行确定，然后在每次工作结束后分发给大家一定的"工资"。在青石币的运用中，我们解决了三个问题：怎么用？用在哪里？用出问题怎么办？

第一个问题：怎么用？青石币是虚拟货币，从金融的角度来看，现金是要流通才能产生价值的，所以，在实践中，我们推动了货币在班级内流通。

第二个问题：用在哪里？在哪些领域流通呢？对于班级建设来说，只有学生将青石币流通了，它才能真正发挥作用。因此，我们对座位安排实行竞标制，设立要求咨询费、岗位失职费、学业知识费、行为过失费等15种消费。青石币就成为流通的媒介，激励学生"因材"选择资源，在实践中"自教"获取货币，从而在青石班中自如地生活。

第三个问题：用出问题怎么办？不是每一个孩子都有足够的青石币，也不是每一个孩子都能达到要求，所以，当有的孩子手中的青石币不足时，我们会采取银行借贷或者同伴互助的形式，让学生立下"借据"，在规定的时间内，付出一定的"利息"偿还自己的"债务"。

（四）系统运行的方式

在实践中，因为主体的不同、形式的差异，形成了常态实践和主动调整两种运行方式。

第一种是常态实践。在常态中，我们最常用的运行方式分成四个步骤：

1. 各项资源每个月调整一次。每个月第二周的第一天，在工资结算完毕之后，进行资源选择和座位投标等各项消费。

2. 在选择公共资源的时候，不同的活动项目由不同岗位的同学负责。CEO负责资源选择，拍卖师负责座位投标。

3. 每月个人资源的申报要在记录表上登记，一学期一整理，从而针对每个人的资源选择进行个性化能力判断；公共资源选择的结果，内事管理员要记录并留底，以做分析。

4. 其他消费项目，根据项目发生的行动区域的不同，各找内外事管理员负责。

第二种是主动调整。这是针对班级建设中出现的问题，通过"因材自教"运行系统进行的即时调整。

> 暑假结束，孩子们的学习状态不佳，部分孩子的青石币不足，导致消费出现了问题，但是他们又想选择简单方便的方式获取青石币，于是出现了各种问题。
>
> 【师】据说这段时间有些同学手头很"紧"，消费的时候"捉襟见肘"，一直哭穷？
>
> 【生】（不好意思地笑了）。
>
> 【师】其实呀，我觉得你们特别"不聪明"，明明有那么多、那么好的"生财之道"，你们却放弃了，真是太可惜了。
>
> 【生】（眼睛发光）哪里呀？说说看，说说看！
>
> 【师】其实很简单，就是每周都帮助几个人，然后你就会收获很多很多的青石币呀。
>
> 【生】（泄气）唉，我还以为是什么好办法呢，没劲！

【师】（故作惊讶）怎么了？为什么这么说啊？

【生】老师，您都不知道您多抠门。我们帮助他人，按规定才得到200青石币。但是，我们每个月的"消费"，您知道有多少吗？每个月都财政赤字啊！

【师】啊？难道你们不知道怎么生财吗？

【生】生财？！怎么生财啊！

【师】所以，我觉得你们的"财商"不够嘛。你们看看，如果你能帮助他人，他是不是会经常来找你？你自己会不会更加努力？你的成绩会不会提高？你的表现会不会变好？老师是不是也会表扬你？学习上还会不会多做点题目？做题遇到问题时会不会向老师提问？提了问会不会得到老师的表扬？老师表扬你之后，你会不会有动力继续做题？这个过程可以分成10个环节，但是你数数看，其中有几个环节是可以得到青石币的？

【生】（愣住了，然后恍然大悟）1、2、3、4、5……10！原来每个环节都是可以获取青石币的呀，我们原来只拿了一部分呀！

【师】（在边上得意地笑）

从那以后，"国库"经常空虚。再也没有孩子说自己的经济实力不够了，而且班级的学习氛围和人际关系有了极大的提高。

在这个过程中，我不生硬地说教，不强迫性施压，但是借助"因材自教"运行系统，让孩子们主动寻找到了机会相互帮助并自觉学习。

（五）系统运行的反思

在实践中，我们可以看到在磨合中出现了很多的问题。譬如，引入金融管理的方式，学生会不会有功利心？每年是不是要调整？学生的欠条出现后，怎么去调整？这一系列问题也为"因材自教"运行系统的提升创造了条件。我们基于以下三个问题做解答：

第一，在班级建设中引入青石币，是否会造成思想上的功利？

这是一个很多人担心的问题，我想谈两点。首先当下教育和生活的功利如此之多，功利这一说法并不仅仅是针对货币的。我们在班级建设中，不应该总是盯着功利与否，而要注意有没有去实践。其次，"因材自教"归根到底只是一种制度，任何制度的实现都不仅仅依靠操作方式。在班级中，班风也是非常重要的因素，良好的班风会避免很多问题的出现，这就是教育环境的作用。

第二，学生在成长，运行系统每年是否需要调整和改变？

我们每年暑假都会召开网络会议，对学生在一年实践中出现的问题进行梳理，然后找出不合理的资源进行修改。同时，在平时实践中发现资源有问题的时候，就由内事管理员做好记录，等到暑假再一起讨论。所以，我们每年的资源都和前一年不同，这样就保证每一个学期，学生都可以更新自己的想法，找到适合自己的资源。

第三，"因材自教"运行系统中制度化的冰冷和教育人性化的温暖有落差，该怎么解决？

归根到底，这是一种制度在班级建设中的实践。当学生为了还清"欠债"去努力的时候，我关注到了他的无奈和悲伤。教育，本来应该是温暖的，是帮助人成长的。在这样的背景下，我们的成长该怎么拥有那份温暖的动力呢？青石班选择了做"青石漂流瓶"，就是在学生遇到问题的时候，我们会设计一个漂流瓶，在里面写好问题的内容，让瓶子按照预定的规则在教室里漂流。在实践中，很多孩子都说，当漂流瓶出现的时候，看着那么多同学的发言，自己特别温暖，感觉自己总是在被关注、被帮忙，这样，对自己努力坚持的路，也变得有信心多了。

第五章

文化建设：学生成长的核心动力

有人说："一个班级是什么样的，只要看走出教室后的孩子是什么样的就可以了。"这话说得有点绝对，却不无道理。一个孩子的样子就是他生活其中的班级的样子，那是因为，班级文化弥漫在班级生活的每一个细节中，规范人的行为，影响人的心智，成就独立的人格，渐渐地，孩子的样子就代表了班级的样子。所以，一个班级的文化就是成就孩子的环境。

班级文化通常指的是班级群体文化，是班级所有人表现出来的信念、价值观和态度的复合体。它分成三个层次。第一层次是物质文化，包括活动角、班级黑板报、各种张贴的字画等班级环境布置，这是显性的班级文化。第二层次是精神文化，包含班名、班级标志、班风、班训等，这是体现在人精神层面的要求，是班级的核心素养，它是隐形的，表现在班级活动中。我把制度文化也融于班级精神文化中，因为如果没有教育精神的温暖，制度的冰冷将会极大地减弱其在班级建设中的作用。第三层次是行为文化，包含班级里人的言行、人际环境等，这是班级文化的外在表现，也是班级文化建设的最终目的。三个层次逐层递进，从建设物质文化开始，然后凝聚精神文化，最后影响人的行为，这不仅仅是班级文化的发展过程，也是班级文化的作用过程。

关于班级文化建设，当前有四个问题：一是形式重于内涵，就是在文化建设中，更重视班级环境的布置，却很少关注为什么而布置，以及这些布置是否有主题、是否体现了文化的教育意义；二是核心未能突出，就是当前的文化建设更多的只是在做拼盘式的组合，而不是围绕一个核心构建有自己班级特色的主题文化；三是表面重于价值，就是在文化建设中，表面上的班级布置所花的时间远远多于教育价值的建设；四是目标止于室内，就是班级文化的建设，无论是物质布置还是班级精神凝聚，都只停留在教室里，却忘记了班级文化建设的意义是"育人"，成就更好的人，让学生走出教室，走上社会。

综上，文化建设要成为学生成长的核心动力，就要从文化建设的过程、影响、作用和反思四个角度入手，从"看见"文化，到"洞见"内涵，直至"见到"行为。

一、文化建设的过程：源于学生，高于生情

班级文化建设的过程存在着固定逻辑，包括从哪里来、到哪里去、怎么过去。当前的班级文化建设模式，有的是从班主任处来的，有的是从家长那里来的，有的是网上下载的，有的是参考别人教室的。参考者还振振有词——我是取其精华，只是到了最后，班级建设、文化内涵和人的表现成了"皮、肉、骨"三分离的时候，他们才意识到自己的班级文化建设是流于形式的。

（一）班级文化建设的源点是学生

班级文化建设的主体是学生，过程由学生操作，载体是学生活动，结果是学生表现。所有的文化建设都是源于学生的，同时，它建立在学生表现的基础上，

引导学生以文化建设为载体，成为更好的人。这就是源于学生，高于生情。

以班级文化建设中的取班名为例：

源于学生，就是需要学生参与班级文化建设的全过程；高于生情，就是基于当前事实，班名不能仅仅是一个名字，而应代表着我们需要什么样的班级。在此要求下，师生一起取一个班名。

譬如，经过讨论，我们需要一个"有光的班级"，那么接下来的流程就是：

1. "有光的班级"是什么样的？
2. 如果用关键词来描述，你会选择哪些词语？
3. "扬弃"一部分关键词，并请你连词成句。
4. 以这些句子作为班级内涵，请你为我们班取三个班名。
5. 我们一起来讨论：班级应该选择哪个名字，为什么？
6. 我们一起来解读：为什么认定这个名字？

最后，通过集体讨论得到了一个班名——追光。它有三层含义：一是"要有光"，就是要有目标，努力前行；二是"伴阳光"，就是要伴光生活，积极向上；三是"不放弃"，就是哪怕追"光"不"得"，还要始终坚持。

这六个步骤其实就是从具体到抽象、从一般到特殊的"学生认同"过程，它表现了文化建设中对班级特质的认同。这个认同过程，也是班级文化逐渐形成的过程，它使文化从原本的具体操作变成了班级特质，我们从中也看到了文化的落地和文化的教育作用。文化建设源于具体的操作，文化形成于每个人的认同，这就是源于学生，高于生情。

（二）班级文化建设的过程就是教育

对于一个班级来说，名字不是一个简单的符号，而是体现了一种班级特质，正如"追光"对我们来说一样。追光，是舞台上追着人的那一束光，就是人在哪里，光就在哪里，就是说，我们要伴着光而生活，身边有亮光，心中有亮光。追光，又是追着光，就是在生命中永远要有一束光，永远要有一个属于自己的目标，去追求，去寻找，并以此为方向，一直前行。它体现了勇往直前，方向坚定，始终不放弃的班级特质。

在追光班中，我们选定了"追光五言"作为行事准则：

第一句——"帮助而与众不同！"这是对班级的整体要求。每个人来到"追光"，不是为了征服什么，也不是为了得到什么，更不是让谁管着谁，我们是来相互"帮助"的。我是为了"帮助"你们寻找最好的自己，你们是为了"帮助"我成就更好的我。同时，你们之间的相互"帮助"，是为了成就自己的青春。只有当我们真正用心相互"帮助"的时候，我们才可以成就一个与众不同的班级。

第二句和第三句——"我好，我们才好！""明白在某时某地做某事！"这两点是努力的方式。"我好，我们才好！"是在教室内参加班集体活动的准则，就是我们时刻都要明白，集体的成长不是某一个人的事情，而是每一个人的事情。我们需要依靠的不是某些人，而是自己，"追光"需要每一个"追光者"的努力和自我完善。"明白在某时某地做某事！"是在教室外参加学校活动的准则，也就是我们需要在任何公众场合都保持自己"追光者"的特质，让每一个人都知道"追光者"的品质。当我们走出教室外，我们代表的就是"追光"了。"追光"对我们来说，不仅仅是一个符号，更是全体"追光者"的荣耀。

第四句——"坚定有修养，伴阳光，要有光！"这是"追光者"的特质。就是说，每一个"追光者"都应该以维护"追光"的荣誉为自己的"坚定"原则，以"有修养"作为自己的外在表现。那么，如何让自己的中学三年变得更有价值一点？"伴阳光"成了最好的期待。我相信，只要我们的生活中一直伴着阳光，我们的行走之路就会变得更加明亮。其实，每一个人的生命中都应该有"光"，有自己的目标，有自己的方向，这样他会知道自己每一天该做什么。对于"追光者"来说，每一个人都要有自己的"光"，那将是我们前行的指引。

最后一句——"坚持！"这是"追光"的行动要求。光速之快，几乎没有可以超越它的，可我们要追光。多年前，有人说过："我不知道我还距离目的地有多远，但是我知道，只要我一直努力，我就会距离它越来越近。"我们追光时，也需要"坚持"。虽然，我们都不知道距离自己的"光"有多远，但是我们知道只要不停止，就会逐渐地靠近。"追光者"需要坚持，"追光"更需要坚持！

（三）班级文化建设就是构建学习生活的"场"

班级文化建设，构建的是一种学习场，就是氛围、情感等，这也是一个集体与众不同的样子。

"追光"有三大特点，让你感觉到真正的"与众不同"：

"追光"是一个没有恐惧的生活空间。"追光"是每一个"追光者"的空间，我们在这里生活和成长，在这里安心地寻找最好的自己。任何时候，在"追光"的空间里，没有恐惧。不必担心你在其中会有不公平的待遇，不必担心你在其中会受到轻视，不必担心你在其中会因为自己不够优秀而失去舞台。在这里，评价学生，只有一个适用于众人的标准——努力！就是说，只要你坚持努力，你就是最好的"追光者"！

"追光"是一个可以随意犯错的生活空间。在"追光"班里，没有什么是不能做的，即使是错误的事。只是在犯错的时候，你要记得，每一次未来的错误都应该比当下新犯的错更加"高级"，更加有"品位"。所以，不要担心犯错，而应该多想想，如何让自己的错误不再是那么低级、那么没有技术含量的。

"追光"是一个寻求心灵安放的生活空间。无论你有多难受，走进"追光"，你就可以告诉自己——我"安全"了。任何人想要欺负你们，应该先过我这关。"追光"不是充满功利的世界，而是相互合作，沐浴阳光的空间。所以，当你心灵蒙尘，当你心灵颇不平静的时候，"追光"会让你感到安静、舒心和舒服。

现在，自今天开始，我们拥有一个共同的名字——追光！现在，我们可以告诉自己——有追光，不害怕！在追光班，没有不好，唯有不同！

（四）班级文化建设是高于生情的理性思考

班级文化建设的具体样态表现为班风，就是班级舆论。对于"追光"的班级舆论定位，我们从以下方向进行思考：1.我们需要什么样的班级舆论？ 2.这样的班级舆论包含哪几个品质？ 3.哪些品质是核心点？ 4."追光"舆论的构建需要哪几个支柱品质？ 5.这些支柱品质之间具有什么样的联系？ 6.谁为主，谁为从？7.哪一种品质是首先要培养的品质？8.我们该怎么做好第一步，准备分几步完成？9.过程中可能出现什么样的问题？10.我们的过程性方案是什么样的？

这十个问题，问题1是理念，问题2—6是目标，问题7、8是实践，问题9、10是反思。我们从理念、目标、实践、反思四个角度入手，将班级舆论的建设做成了一个螺旋式上升的过程。

二、文化建设的影响：基于载体，凝聚内核

文化的建设和文化的影响是相辅相成的。想要看到班级文化对学生的影响，首先要和学生基于某种载体共同建设班级文化。也就是说，文化影响其实就是文化建设的过程，它就是在文化建设的载体上，结合班级特色，凝聚班级文化内核，形成班级文化。

（一）班级文化建设的载体

文化建设的载体包括教育方式、班级活动、班级环境、学生行为、学生人际关系等等。这些方面的活动看似不同，但是都有共同的目的，就是凝聚班级文化的内核。

以追光班的文化内核"坚定"为例：

"坚定"在班级文化中不是一个虚词，它可以被解读成坚持、努力、不放弃等。我们可以以班级活动为载体建设"坚定"文化。

譬如，在运动会上，从五个方面建设"坚定"文化：

1. 制定班级运动会目标，力争取得最好的成绩，这是目标的"坚定"；

2. 同学之间互相鼓励，建立信念，统一思想，这是思想准备的"坚定"；

3. 每个人选择自己的运动会目标，并做好小方案，这是活动过程中的"坚

定";

4.针对运动会中可能出现的问题，做好准备，这是解决问题的"坚定";

5.对运动会的内容进行合理的分类，有相应的负责人，并制定评价标准，这是制定方案的"坚定"。

基于以上安排，学生参与活动，我们将会在运动会现场看到一个与众不同的班级，看到孩子的坚持、努力、不放弃，这就是班级的"坚定"文化。

其实，换个角度看，运动会的五个方面正是建立在"坚定"文化内核的基础上的，这也是"坚定"文化对人的影响和促进作用。因为"坚定"，目标上要争取最好，思想上要认清方向，过程中要一往无前，解决问题时要不放弃，分配任务时要到位，所有这些都反映了一种积极向上、追求成功的"坚定"。可以这么说：班级文化基于班级活动等载体形成，又反过来影响班级活动，并具体表现在活动过程中。

（二）班级文化建立在班风的关键点上

一个优秀班级的文化建设，不管有什么样的表现形式，它们都呈现了一个统一的文化内核。这个文化内核就是班风的关键点。

譬如，我们确定的班风是：生活中的坚定而温和，学习中的坚韧与合作，思想上的积极和个性。这三个方面从个人和团队两个维度界定了我们的班风。

我们确定了班风，更应在逻辑上找到关键点，并将之作为实践的起点。从学习的角度去看，我们先要做到坚韧，然后再实现合作。就是说，我们先要引导每一个孩子成为坚韧的自己，有坚韧不拔、不怕挫折的精神，然后才引导他们相互合作。每一个孩子应该先具备相应的品质，然后和相同类别的人合作，才能有真正的效果。从生活的角度看，我们先要做到温和，这不仅仅是自我认识，更是对他人的认识。只有在温和的态度下，我们才能找到属于自己的价值，成就坚定的自己。所以，温和而坚定，不是坚定的自我成就了温和，而是温和面对自我与世界，然后成就更坚定的自我。从思想的角度看，积极是一种自我向上的品质，这是一种规范的自我提升要求，个性是基于自我规范的发展。也就是说，只有做到了积极的自我，才能有个性的发展。无论是自我的个性发展还是班级的个性形成，都是这样的逻辑。

因此，我们可以确定班风的关键点，就是坚韧、温和和积极。需要通过这三个品质进行班级文化建设，形成独特的班风。

（三）班级文化的发展有支撑点

班风的关键点是坚韧、温和和积极，这三种品质都有相应的支撑点，我们称之为支柱品质。也就是说，我们所谓的坚韧，不能够只是通过说教去培养，而应当在孩子们的日常生活中，教会他们懂得要有光，有计划，不放弃。同样的，温和就是有修养，能接纳，能包容；积极就是伴阳光，愿改变，会更好。在班级文化建设中，只有认清这些方面的作用，才能营造良好的班风。

在坚韧的三个方面中，要有光，就是在实践中应该有明确的目标，它包括远景、中景和近景目标。有计划，是指我们为了实现有光的目标，要按照一定的计划实施，每一个学习计划都是在规定时间、精力和任务的基础上完成的。不放弃就是告诉我们，在实践中肯定会遇到问题，面对困难的时候，要坚持下去。

在温和的三个方面中，有修养是对班级的要求，更是对学生个人的要求。它所表现出来的特质，就是一个人面对他人时的礼仪和自我素质，这是温和的基础。能接纳，就是可以接纳他人的缺点和问题，也能接纳自己的平凡和不足；不仅仅懂得如何解决问题，更能够学会和问题相处。能包容，指的是不仅能接纳别人的问题，还能理解对方存在问题的原因。换个角度思考，自己在同样的处境下可能也会产生问题，所以，包容问题，才是生成温和的生活品质的关键。只有成为一个温和的人，才能有良好的心态面对他人，面对生活，面对世界。

在积极的三个方面中，伴阳光，就是在看问题的时候，应该看到其中的积极因素，譬如，看到班级建设的问题时，应该想到问题给我们带来的动力和合作的机会。愿改变，就是在自身出现问题的时候，愿意为了成就更好的自己，去完善不足，这是提升的基础。会更好，是一种思想上的追求，也就是始终知道会有更好的自己，并为此不懈追求。

这就告诉我们，真正的班风，是建立在一定的基础上的。我们确定了支撑点——这是班级文化建设努力实践的落脚点——班级文化就以这些支撑点为支柱，建立关键品质，从而发展起来。

三、文化建设的作用：动机探寻，因材施教

班级文化如果不能作用在班级建设上，影响到学生的行为，那它就是"花架子"。班级文化的建设不是一种摆设，而是建立在人的行为基础上，影响并改变人的行为，这就是文化的作用。

当我们建立了班级文化后，如何让文化发挥它的影响作用，并且让文化发挥作用的过程具体化呢？班级文化的作用点，就是学生的行为，也就是说，文化要变成行为文化，这是班级文化的终点和新起点。一般说来，班级文化发挥作用，主要从两个维度来看：一是动机探寻，二是因材施教。

动机探寻，就是在班级文化影响人的过程中，需要针对人的行为做合理的判断。它需要厘清五个问题：行为问题的表现是什么？行为问题的动机是什么？满足行为动机的品质是什么？要实施什么样的活动？在活动中要如何结合班级文化？

譬如，孩子做事总是半途而废。可以看到行为问题的动机可能是缺关注、缺持续性、缺成就感等等。满足这些动机的品质，其实有一个共同点就是"坚持"。孩子只要具备"坚持"的品质，就能成功并获得成就感，也会得到关注，乃至得到更多人的认同。因此，需要设计一个关于"坚持"的体验活动，并且结合班级"体验中成长"的文化，引导孩子在活动中认识品质，反思过程，感悟成长。

因材施教，就是根据学生的具体情况确定教育方式。这些具体情况包括什么样的学生、什么样的阶段、什么样的活动、什么样的老师。这些方面的差异，导致了各种问题。因此就要根据不同的情况，选择适合的具体活动，开展教育。

譬如，八年级的孩子到了青春期，表现出对异性的"好奇"。在个性飞扬的阶段，这是很"自然"的。我们选择了活动——"来吧，我们一起谈谈爱情"。活动分成四个步骤：你眼里最帅（美）的他（她）是什么样的？他（她）们最突出的十个品质是什么？如果让十个品质集中在一个人身上，你希望他（她）是谁？为了这样的他（她），你愿意成长为什么样的人？

四个步骤，结合班级"体验中成长"的文化，逐步引导学生"认识情感—认识品质—认识人—成就自我"，在体验中认识，在认识中厘清概念，最后获得成长。

那天，我是这样上这节课的：

首先将男生女生分区，男生在我左边，女生在我右边。我告诉他们，在活动中大家可以用自己觉得最舒服的方式相处。接下来我问同学们："如果爱情有颜色，你会选择什么颜色的爱情？"

我提前准备了一大摞彩色纸，课上，我让每个同学都拿一张与自己期待的爱情颜色相同的纸。男生需要在纸上写出自己心目中最美女生十大品质，女生则需要写出最帅男生十大品质。

等大家都写完之后，我们开始集体讨论，选出大家公认的最美女生十大品质和最帅男生十大品质。这是我们班学生得出的答案：

【最帅男生十大品质】人品好，情商高，有担当，看着舒服，有才华，专一，幽默，有志向，孝顺，合得来。

【最美女生十大品质】情商高，人品好，颜值高，行为举止规范，嘴巴紧，有个性，专注，有气质，会反思，成绩好。

虽然这些女生才上八年级，但大家可别小看她们。在"最帅男生十大品质"中,"专一"指向情感,"幽默"指向个性,"志向"指向职业,"孝顺"指向家庭,"合得来"指向性格,她们将爱情的方方面面都考虑到了。

情商高,人品高,颜值高,嘴巴紧……男生的答案则很直接。

在这次情感课中,评选出公认的十大品质之后,我还鼓励同学们写出"我期待的陪伴身边的他(她)的样子",意思就是如果让十个品质集中在一个人身上,你希望他(她)是谁?这是我们班学生给出的答案:

女生:

【A生】与人温和温暖温柔地相处,幽默但文明,长得高,热爱运动,看着舒服,专一。【B生】人品好,说话的时候很幽默,情感专一,运动的时候很帅,有才华,合得来而且十分孝顺父母。

男生:

【F生】情商高,嘴巴紧,有气质,不低俗,贤惠,有共同话题,看着舒服,善解人意。【H生】眼有光泽,脸白无瑕,唇红齿白,有气质,平淡耐看有特点,短发齐耳。

最后,我还让同学们写出"为了这样的他(她),我愿意成长为____的人"。

我们班的一位女生是这样写的:不乱发脾气,不冲动,理性对待人事;热爱生活并且认真生活;热爱运动和音乐;保持健康身材;成绩优秀;有气质。

在情感课上,我一共设置了四个环节。

一开始,他们害怕老师借此机会"钓鱼",我就用男生女生分区的方式给同学们营造一种安全感。让同学们写下自己心目中"最美女生""最帅男生"的十大品质,并开展讨论、排序,是为了让他们产生认同感。在讨论完品质之后,我还鼓励同学们写下"我期待的陪伴身边的他(她)的样子",想要通过这一方式,让同学们把想象概念化、具体化。"为他(她)成为____的人"的设置则是为了鼓励同学们的个性化发展。

归结起来，大家会发现，这里的每一个点都是针对这个阶段孩子的需求设置的。在情感教育课中，与其说是我在上课，不如说是我在吻合、满足学生的内心需要。

四、文化建设的反思：因异调整，逐步完善

班级文化是和学生的身心特征、发展阶段、成长规律等多方面相吻合的，所以，班级文化需要在学生的成长过程中，随着学生的需要而完善。

（一）班级文化建设的反思过程

班级文化建设的反思过程分成：因异调整，逐步完善。

因异，是根据学生在成长过程中的变化，包括年龄、心理、学段、个性等方面的不同，调整班级文化建设的内容、过程和评价等。

譬如，七年级重视习惯的养成，八年级重视个性的发展，九年级重视学习品质的凝聚。这些目标的侧重，其实是给班级文化的发展提出了一个新的方向。在班级文化建设中，确定目标之后，会按照这样的步骤调整：

1. 按照目标进行班级文化建设讨论；

2. 进行细节的调整和新的班级建设体系的构建；

3. 召开班会，进行主题说明和同学论证；

4. 专人负责，并总结最终稿。

逐步完善，就是从学生的身心特征出发，对每一个主题进行分层，从一个个小目标开始，逐步完成，逐级实现。

譬如，习惯的养成从四层入手：

1. 自我审视，评价习惯的状态；

2. 确定重点，定位自我习惯目标；

3. 制订计划，寻找习惯培养点；

4. 坚持行动，在实践中培养习惯。

文化反思更是在反思基础上的建设。它应该遵循四个步骤"反思内容—建构内容—学生认同—完善文化"，结合班级、学生等因素，因异调整，逐步完善。文化反思是原有班级文化可持续发展的保证，更是促进学生再成长的过程。

（二）班级文化建设的反思是一种融合与重构

班级文化不仅仅局限在班级内部，我们可以借鉴来自企业、社会等不同领域的文化，相互融合，重构班级文化。

譬如全球知名的咖啡品牌星巴克，它以我们可以看见的方式，告诉我们在零售企业的经营中，支撑成功的文化因素有细节、氛围、品牌、创新等。

星巴克文化特质表

星巴克文化特质	产品和服务	满足顾客
注重细节	天花板；休息区摆设；沙发和吧椅的高度；打包细节	习惯
营造氛围	淡淡的咖啡香；自然，放松，质朴的氛围	放松
拓展品牌	商场、街面、写字楼，到处都有门店	方便
创新产品	仅拿铁一个种类就有原味、红茶、抹茶、榛果、曲奇、馥芮白等多种口味	尝鲜

星巴克的这些文化特质满足了顾客放松、方便的诉求和习惯、尝鲜的心理，抓住了快节奏生活中焦虑、疲惫和求新的人群。于是，星巴克便无处不在了。

我一直认为，在班级管理和企业管理之间有一条神秘的牵系，它们之间应该可以建立某种联系。虽然，班级文化建设无法复制星巴克的操作模式，但是可以将星巴克的四大特质迁移到班级文化建设中来。我们就从以上所说的四个方面入手，创新班级文化建设。

1. 细节操作：源于理念的班集体细节

将对于细节的重视迁移到班级文化建设中的时候，我们需要基于过程，重视学生成长环境中的细节和行为中的细节，并通过对细节的关注，引导学生进入细节，感受细节存在带来的影响和实践细节的过程。

一般说来，班集体细节的操作分成两个部分：静态细节操作和动态细节操作。

静态细节通常展现在一些班级环境布置方面。譬如，为了让孩子们养成课间不在教室里打闹的习惯，有的老师就在教室里放一个金鱼缸，养一些金鱼，于是孩子们就学会了在教室里轻手轻脚地生活。我关注到孩子们平时总是乱放自己的水杯，为了帮助他们养成规则意识，我和他们一同制定了摆放规则，这样就解决了水杯摔倒发出声音影响上课的问题。

动态细节就是行为细节，这是培养学生的学习习惯和生活习惯的关键。我告诉孩子们，做任何事情，第一步是预判、分析和选择。所以，在做任何活动之前，在集合之后，我会告诉孩子们："现在有五分钟时间，请各位好好安排。"于是，孩子们马上自动分组，讨论，建议，选择有效信息，并呈现行动步骤。几次之后，孩子们遇到问题的第一反应就是："等等，我们先商量一下。"这样预先规划的方式，能够帮助孩子们快速地成长。

无论是静态细节还是动态细节，都是源自班级文化建设理念的细节。在实践中，我们通过不同的细节操作，呈现理念的印记，这种班级文化建设的方式，就源于星巴克注重细节的特质。

2. 氛围营造：源于积极的班集体氛围

一般说来，我们把班集体氛围叫作班风。它是影响班级诸多方面的重要因素，在班级文化建设中具有关键作用。

班风分成两个部分：对内班风是指学生处于教室内时营造出来的表现班集体特征的氛围；对外班风是指当学生外出活动的时候，个人或者团队表现出来的和班集体相适应的气质。班风是一个班级集体荣誉感的外在表现。

对内班风主要的表现形式是在教室里的同伴有一个共同的目标，这个目标包括班集体建设的目标、个人成长的目标，同时也分为长期、中期和近期目标。集体的目标应该是一致的；个人目标的内容可以不同，但是方向要是一致的。

所以，对内班风的关键词是"相同"。

对外班风主要是在参与学校活动、社会活动的过程中，班级学生体现出来的独属于这个班级的气质。学生在活动中带着班集体的特质，呈现班集体的要求，从思维方式、行为、言语、行动过程等方面呈现出与其他班学生不同的优秀气质。所以，对外班风的关键词是"不同"，即与众不同。

无论是对内的"相同"还是对外的"不同"，呈现的都是一个班集体的"风气"。积极向上是一个班集体最好的标志。班级文化建设，就是通过营造积极的氛围，影响学生，同化学生，进而规范学生的行为和成长。星巴克的氛围会让走入的人很快放松，而一个班级的氛围会让每一个学生都受影响而积极向上。

3. 活动拓展：源于学生的班集体拓展

我们认为，在班级文化建设中，最能促进学生成长的就是活动，所以班集体空间的拓展，就是活动的拓展。

活动拓展分成三个维度：适合度、广度、深度。

适合度是指我们设计的活动主题是否适合学生。这是要从学生的身心特征来看的，年龄、性别、兴趣等都是衡量的标准。所以，根据学生的特点和初中三年的特质，我们确定了石心班三年的三大主题：七年级"一路行走，寻找自我"；八年级"一路行走，飞扬自我"；九年级"一路行走，春华秋实"。在主题中既表明"行走"是成长的方式，又体现不同年级的要求，这是基于适合度的活动拓展。

广度就是活动的主题类别，它指我们需要建设的班级的培养目标有哪些。我们要把学生培养成什么样的人，就要在主题类别中呈现出学生的什么特质。所以，我们确定了石心班的五大主题，分别是坚定、坚持、坚韧、坚毅、坚强，这是基于德智体美劳五个方面的主题要求。在每一个主题中，我们界定了四个品质，分别用它们来体现活动的广度拓展。这就体现了班级文化建设的广度，同时给学生的成长指明了方向。

深度就是活动所到的层面，它是指每一个主题在不同的年级要做到什么层面，挖掘什么样的教育价值。譬如"坚持"的主题，我们在七年级的时候，会通过"八字绳"活动来说明坚持的重要性；在八年级的时候，会设立一个分主题"汗水的成分"，让孩子们探索成功背后的因素；在九年级的时候，会讨论"坚持到底，＿＿是胜利"，让孩子们认识到"坚持"。同一个主题，三个年级，不同的深度，让孩子们感受到了拓展的痕迹。

这三个活动拓展维度建构的体系，以学生为主体，以活动为载体，为学生的成长奠定了方向。从星巴克文化特质表来看，这样的"三度"拓展满足了学生随时随地的成长需要。

4. 管理创新：源于成长的班集体创新

创新是一个班级发展的动力。班级文化建设中的创新，其实就是调动学生主动性的最好因素。因为有班集体的创新，才有了班集体与众不同的特质，才有了学生成长的主动性。它会唤醒学生成长的内驱力，更是班级品位的特征。

我认为创新主要体现在班级文化建设的过程中，包括班集体的管理制度、班集体的活动设计、班集体的活动过程、班集体的评价方式等方面。我所带的班级针对以上班级文化建设的整体和个体方面，进行了整合性的创新。

在班集体的管理制度上，我们创设了"因材自教"运行系统，将学生的成长分成"自我定材—因材而量—因量而择—因择而长"四个步骤，将一个人的成长交给自己。同时，我们创设了"班级货币"作为评价的动力，辅之以"流通"的班级运行方式，让学生融入班集体的成长中，真正呈现了班集体的发展。

在班集体的活动设计中，我们设立了班级创意小组，专门负责设计有创意的活动，同时把活动的主导权交给每一个人，每次开展活动时投标选择主导者。如此，一方面呈现了主体性，另一方面让更多的学生感受到了和自己的想法不同的创意。

我曾经对孩子们说过，我们一定要建设一个让别人羡慕的班级。所以，当我们的活动一次次地被模仿的时候，孩子们很骄傲地说："一直被模仿，从未被超越。"其实这不仅仅是养成孩子们与众不同的气质的开始，更是培育孩子们创新思维的动力。

创新作为动力，不仅仅是星巴克，更是每个行业发展的必备品质。班级文化建设中的创新，它的作用就是让班集体成为最吸引孩子的场所，让班集体成为成长的最好环境。

（三）班级"身份"的澄清

班级是班级文化建设关键的具体场域，它不仅仅是一个教室，它的身份需要得到澄清。

这里需要厘清三个问题：第一，班级到底是一个什么样的身份？第二，班级对于学生的价值和意义是什么？第三，班主任带班应该具备一种什么样的思维？这三个问题体现了班级特点、班级作用和带班思维。

1. 班级特点：从学习空间到生活空间

班级不仅仅是教室，它是一个班主任、一些学生和一个教室的组合。班主任在班级里发挥自己的教育功能，这就是我们常说的带班。传统意义上，班级就是一个学习空间，是学生上课的地方。但是，在现代教育理念中，班级不仅仅是学习之处，更是公共生活空间，学生在此学习、生活、交往、思考，获得成长。

我所带的石心班，作为学生的生活空间，构建了"因材自教"运行系统，将班级任务作为学生的成长资源。学生在班级中，通过"选择资源—实践资源—获得与使用报酬—再选择资源"四个步骤获得成长。譬如，一个孩子根据自己的特点，选择"做好语文课代表"作为本月成长资源，并确定要达成的资源等级，那么，他需要为此做好准备，制订计划，准确表示自己会如何做好这个任务。通过一个月的努力，他会获得班级货币报酬，并以此"购买"班级服务。这就是一个"经历—体验—成长—反思"的过程。我们可以推测，到第二个月时，这个同学一定不满足于成绩和上个月持平，也就是说，他将会选择和本月同等级或更高等级的资源。于是，只要开始"挑战"，就会有可持续的成长，这就是班级生活的价值。

这体现了班级生活的三个特点：第一，学生通过选择资源明确自我现状，并以此为基础设定目标，选择适合自己的任务；第二，学生以实践任务作为成长的过程，在经历中提升能力、更新认识、重构思维；第三，学生在成长的基础上再选择资源，迎接新阶段的持续挑战。

这就是班级生活的特性，它引导学生成为一个真正的社会公民。同时，班级应该具备自由、平等、多元的特点，以让学生拥有自在的氛围、彼此尊重的关系和更多样的选择，从而成为更好的自己。

2.班级作用：从成长空间到犯错空间，再到再成长空间

自从班级授课制建立之后，有很多学校想要打破班级建制，也做了很多新的尝试，但是更多的学校对于班级的存在是毫无异议的。那么，班级存在的作用是什么呢？

小林平时做事没有重点，主要表现为规则意识不强，丢三落四，想做什么就做什么。他经常会在上自学课时溜出去踢球，在上体育课时却避开课堂任务。和他多次谈话后，效果并不明显。

他说："我一样可以把要求的事情做好，只是完成的时间不同而已。"但事实是，他经常忘记重要任务。

我提醒他："凡事都有一个重点，忽视重点，就容易生成不好的结果。"

他沉默不语，倔强的眼神告诉我，他并没有真正听进去。

我找了本书："来，想个办法，用一根手指顶起来。"这事他可经常做，他眼睛一亮，用手指顶起了这本书，还旋转起来。

我拿过书，在手指顶住的点做了一个记号："除了这个点之外，请你在另外的任何地方，找一个点，也完成刚才的任务。"

他疑惑地看了我一眼，尝试找到另外一个"点"，却怎么也找不到。

我说："这就是——凡事必有一个重点，也只有一个重点。你丢掉了'重点'之后，无论你找到什么样的'点'，无论你用上多大的力气，你都

不能顶起这本书了。这就是告诉你，抓不住'重点'就做不好事情。可能，你当前的很多挫折和失利，都是因为这个。"

他陷入了沉默，眼里流露出茫然。良久，他抬头问我："老师，那我该怎么办？有没有好办法？"

终于问到操作方式了，这应该是想改变了吧。

"我还真有一种好办法，是专门用来学会判断重点的。每天上午到校后，你需要写出今天想要完成的七项任务，并按照重要性进行排序。在做的时候，也按照重要性从大到小完成。坚持一段时间，你就会发现自己看事做事懂得找重点了。它叫——每天七件事。"

小林不住地点头。

我从班级生活中发现了他的成长问题，通过体验活动引导他认识到问题的根源，并以具体的方法帮助他在行动中改变。这个过程说明了班级的三个作用。第一，提供成长空间。班级是人和教室的综合，是班主任实施教育理念，引导学生成为一个更好的自己的空间。它是一个物理空间，更是一个文化空间，构建的文化场域是学生的成长要素。它需要教育目标、教育过程和教育理念的融合。第二，提供犯错空间。犯错是成长的第一阶段，不尝试，不犯错，就找不到成长的根源。班级是一个生活场域，允许孩子在这里犯错，才能引导孩子成长。这个阶段需要尊重、自由和平等的氛围。第三，提供再成长空间。班级不仅仅是单一的成长或犯错空间，更是基于它们的再成长空间，学生可以在此弥补、磨合、反思、调整，最终实现自己的再成长。这个阶段需要引导、反思和重构的思维。

3. 带班思维：从规范思维到建设思维

带班思维就是班主任在带班过程中思考问题的方式，主要有两种：一是规范思维，就是以解决问题为主要方式，以控制行为为主要思想的带班思维；二是建设思维，就是以培养品质为主要方式，以活动为主要载体，以推动学生成长为目的的带班思维。

以自学课为例,规范思维和建设思维的具体表现是这样的:

持规范思维的班主任,在管理的时候,会对学生说:"保持安静,认真自学。"一旦学生出现走神、讲话等情况,他就会说:"认真一点,不许说话,不许讨论,不许左顾右盼。"持规范思维的班主任的工作特点,是以"不要""不许""不能"控制学生的行为,直至他们遵守规则。它压制了人的主动性,只是告诉学生"怎么做",而没有引导学生懂得"我要做"。而持建设思维的班主任,在自学课上是这样的:"今天这节课,我们有多少时间自主学习呀?"("40分钟!")"那你能做多少事情呢?""请各位把要做的事情按照重要性进行合理排序,并且按照顺序完成。"结束后,他会问:"今天做得多还是昨天做得多?你做得多还是同伴做得多?明天你可以完成更多吗?"他们把自己的思维"凝聚"在"内容—实践—反思—调整"四个步骤上,引导学生认识问题,分析问题,解决问题,更新认识。

但是班主任不可能只用单一的思维处理问题,关键是看哪一种思维的占比更大。用规范思维带班,学生的行为规矩养成快,在老师的指导下知道该怎么做。用建设思维带班,学生的主动性强,懂得确定自己的成长目标并为之努力。两种思维方式,都能带出相应的"好班级",却带出不同类的孩子。如果换个角度,考虑我们要培养什么样的孩子,哪一种思维更符合社会发展的需求,那么选择什么样的思维才能更有利于带班,答案就明确了。

第六章

干部培养：主人翁意识和主人意识

　　班主任不在学校的时候，班级的管理谁来做？学校各部门找不到班主任的时候，应该找谁？班级课堂纪律出现问题时，谁来管？班级制度在实施，谁来引导？班级文化在创建，谁来执行？班级活动在开展，谁来组织？班级当下的状态和班级学生的思想，班主任从何而知，如何得知？

　　答案是班干部。班干部是班级中由学生组成的管理人员，他们负责协助班主任和任课老师、学校各部门协调沟通，管理班级日常。得力的班干部是班主任的好助手，能顶得上半个班主任；能力不足的班干部则会让班主任在班级事务上疲于奔命。优秀的班干部有一种特质，他们具有主人翁意识，就是将班级作为自己的责任田，将班级里发生的事看作自己的事。

　　班主任们都期待能遇见具有主人翁意识的班干部，希望他们在班级管理中懂得思考，具备大局观，知道该做什么、该怎么做。但是在现实中，我们会遇见很多只具备"主人"意识的班干部，他们主观臆断，对同学颐指气使，他们的"主"只是在乎自己"做主"的肆意妄为，而非如班级主人般工作的严格守纪。还有一种是只具备"被主人"意识的班干部，他们没有主见，只知道听从。无论哪一种，都让班级工作不尽如人意。

我作为班主任，平时却能经常抱着茶杯靠在学校的栏杆上，一脸悠闲地看着远方。很多人羡慕我"命好"，什么都不用做，他们只是不明白我在思考做过的事情的不足与未做的事情的可能。我在思考自己应该用什么方法管理班级，只是他们都"看"不出来而已。

我知道他们的羡慕主要缘于我有一个强大的班干部团队。其实，我并不是每届都运气爆棚地有一个强大的班干部团队"降落"在班里，只是我从第一天开始就明白班干部在班级管理中的作用，同时，始终耐心地在班级建设中培养他们的能力。

班干部培养是一个综合的过程，它建立在班级建设的"一、二、三、四、五"上。

一、一种态度：错误是成长的台阶

班干部能犯错吗？

班干部怎么可以犯错呢？班干部都错了，那么其他同学怎么办？班级怎么办？

班干部不犯错，他们怎么知道什么是对的，怎么提高管理能力，怎么培养自己的理性认知？

两种观点"养"成了两种不同的班干部，它们背后是班主任的两种不同带班方式。

回到现实，当班干部在管理班级时，他的能力、威信和对同学的了解等将会影响他的管理成效，管理中出现的问题将会引发同学的不平和信任危机。此时班主任怎么办？允许犯错还是不允许犯错？允许犯错，就允许了实践的勇气，班干部将会在错误中找到犯错的原因，并探索正确的路；不允许犯错，班干部就不会大胆尝试，久而久之，就失去了尝试的勇气和进步的可能性。

对于班干部来说，在班集体生活中的锻炼，不仅是对自己能力的培养，同时也是自己价值的体现和对集体荣誉感的培养。我们常说的成长自信，就是在这样的过程中建立起来的。在锻炼过程中犯错不可避免，如果一个班干部总是因为做不好班集体的事情被批评，这会影响到他的自我认知和自我价值实现，从而影响成长自信。

对于班主任来说，错误实际上是班干部另外一个角度的实践，虽然并不能达到期待的效果，但实施了错误的方案之后，就避免了再出现同样的问题。

所以，在班干部培养过程中，班主任要宽宥错误，要以乐观的心态看待错误，更重要的是，要将错误当作成长的载体，引导学生进行下一步的选择和判断。

二、两个方向：规范还是建设

"你们不许吵了！""别动这个！""教室里卫生刚刚打扫好，不要乱扔垃圾！""你们为什么这样？我去告诉老师了！"班干部在管理班级的时候，这样的"否定式"管理比比皆是。原因有三点：

第一是模仿。很多班干部的管理方式其实就是班主任工作方式的延续，班主任为了"短平快"地制止某些不良行为，通常会采用这样的方式，班干部就直接模仿了。第二是功利心使然。采用这样的方式最直接、最简单，短时间内就有效果，因此班干部就顾不上其他了。第三是体现权力。否定式是最能够体现管理者权力的管理方式，这种不良的"主人意识"会让很多班干部由此感觉到自己的"与众不同"。但是，一旦使用这种方式，班级的班风、班干部的人际关系、同学对班干部的认可度，就都会出现很大的问题。

（一）规范思维和建设思维的区别

否定式管理的背后是一种规范思维。规范，就是直接制止与控制问题和不合理行为。与此相对的另一种管理方式是引导式管理，它的背后是建设思维。建设，就是针对问题和不合理行为的动机，找到问题的促进点，提出合理的建议并引导行为。

二者在思维上有区别，规范是由外向内的控制，是对班级内部事务的限定；建设是自内而外的引导，是一种针对班级管理的创新和改变。

譬如，自学课上纪律一直不好，原因是很多同学无所事事，不知道怎么安排，不想学习，就讲小话。采取规范思维支配的否定管理方式，就会制止，直接告诉大家不要说话、不能说话，任何说话的行为都会被批评或者导致扣分。采取建设思维支配的引导管理方式，就会引导大家思考40分钟的自学课可以怎么安排，譬如用前两分钟做规划，用最后三分钟自我检验、和同学对比。这样虽然只剩35分钟，但是效果和一直自学相比，要好得多。

（二）班干部培养中的建设思维

在班干部培养中，管理思维的方向选择"规范"还是"建设"，影响着班干部的思维水平、管理方式和解决问题的能力。

如果培养班干部以"规范"的方式进行班级管理，那么班干部的眼里只有"权力"，方式只有"制止"，在过程中不加思考，结果只能出现各种矛盾。相反，如果培养他们采取"建设"的方式，就需要让班干部在管理的时候思考两个问题：以什么方式引导大家解决问题？这样的方式，大家能够接受吗？这不仅仅是在思考问题，选择方法，更是在判断方法的合理性，将有利于班干部思维能力的提升。

我在教室门口看书，留意到科学老师和程在谈话，好像是关于程担任科学课代表的问题。科学老师一直在安慰，而程的情绪似乎并不好，双方估计还是谈不拢。最后科学老师说："我不劝你了，你就休息一段时间吧。"程默默地点头。

科学老师走后，我留下了程，想要知道到底发生了什么。

程明白我的意思，就一直说着。

他说："有的时候，我很委屈，因为只有我一个人在做事。科学老师选择了五个课代表，有负责作业和实验器材的，但是经常只有我一个人着急。"

他说："有的同学交作业的时候，故意慢吞吞的，让我一个人难受。我一着急，他们就开始讽刺我。"

他说："我觉得这也不是我个人的问题，这是班级的问题，为什么要这样？而且我为什么要受这个委屈？"

他说："那些同学真的很让我失望，凭什么他们做着负面的事情，反而成为最轻松的人呢？"

他还想说，不过情绪明显已经慢慢稳定下来了，我挥挥手制止了他继续吐槽。

我不愿意我用心培养的孩子到最后为了"问题"成为一个只会吐槽的"祥林嫂"。而且，人受点委屈也很正常，一个孩子在成长中必须用委屈撑大他的胸怀，特别是男生。

我对他说："我明白你的意思了，但我不想让你继续说了，因为我觉得你再说下去，内容和前面说的也差不多，对吗？"

他默默地点头。

"其实，我一直认为，一个男生的成长就是'控制'，控制自己的行为，控制自己的情绪，控制自己内心的负面感受。在这个过程中，他发现自己的不同，就从不同的方面去改变自己；发现自己的不足，就向更好的方面去完善：这就是我们常说的成长！"

他明白了我的意思。

"这样吧，我再陪你站五分钟，你把关于这件事情的细节想明白，也反思一下自己的行为，等会儿我再问你几个问题。"

他点点头。

于是，我们俩就什么话也不说，站在教室外面。

五分钟时间到了，看他冷静了，我问了他三个问题：

"第一，你觉得以你的能力，你可以做好课代表这份工作吗？

"第二，你觉得你当下做事情的方式，是最合理的那一种吗？如果不是，更多的原因是在你身上，还是在别人的身上？

"第三，你认为那些你受的委屈，对你的成长来说，是造成了阻碍，还是有效地促进了你的改变？"

一会儿，他说："老师，我觉得做一个课代表不难，只是我想要用简单的方式去解决问题，却没有发现简单的方式有时候是不能解决问题的。"他接着说，"我还是觉得我的方式不够好，问题应该出在我的身上。我总是想要模仿老师去管理，总是想要去命令其他人，其实我只是他们的同学，用命令的方式，迟早会引起大家的反感。我一直以为我受的委屈是一种不公平的遭遇，但是现在我想明白了，其实这就是一种成长。我只有在这样的挫折中才能主动反思，才能感悟到您对我说的这些话。老师，我真的明白了，谢谢您。"

他说完了这些，其实我也没有什么好说的了，我笑着拍拍他的肩膀，表示他理解得十分到位。他也笑了，马上就说："我想去找科学老师说说，我要继续做下去！"

思维是思考问题的方式，想要它发挥作用，必须让它具体化到操作层面。

西西说，任课老师评价班级的同学有点浮躁。我说，你要努力去做，去管理。她说，他们不听。

于是我跟西西谈了到底怎么解决浮躁的问题。

"浮躁，是一个相对的问题，老师感觉明显，同学毫不知情。

"浮躁的人是看不到浮躁的，他每天咋咋呼呼，哈哈大笑，感觉上课很开心，日子过得很快，行为不出格，没什么成长问题，可是每逢写作业和考试，总是出现各种各样的错误。他自己想要找到原因，却怎么也找不到。他总觉得自己在认真学习了，但是没有效果。长此以往，他就会生成学习上的焦虑。

"在老师眼里，浮躁是这样的：上课总是莫名搭话，总是说和课堂无关的事情，总是走神；作业中基础题总会出错，老师总是需要一再对他重复讲过的问题，老师在课堂上强调的内容他总是转身就忘。

"浮躁有三个原因：第一，小升初不适应，总是想用小学时的习惯过好初中的生活，但是又明显感觉有问题，可是不知道怎么做，只能干着急；第二，错误估计了自己的能力，认为到了初中，解决学习问题还能像上小学时一样手到擒来，实在不行就像上小学时一样多花点时间，但是一考试，就发现自己能力不足，学业落差造成了心理的焦虑和浮躁；第三，小学阶段不良的学习习惯造成了初中学习上的问题，特别是不重视'行动速度'和'思想专注度'，成为影响初中学习效果的关键。

"针对问题，有三种解决方式：

"第一，重视上课和作业，这是学习的底线。上课有三个标准：专注了吗？思考了吗？提问了吗？'专注了吗'，就是上课的时候，有没有认真，有没有跟着老师的思路在行动，有没有在文本上做记录？'思考了吗'，是指今天的内容，我学到了什么，可以用关键词概括吗？老师讲的知识为什么是这样的，我能找到原因吗？我还有什么问题吗？'提问了吗'，是指针对自己的问题，有没有提问，有没有去反思，做到了主动探索吗？作业也有三个标准：都会了吗？速度快吗？如何处理不会的作业？'都会了吗'

指向作业的质量，就是能不能顺利完成作业？'速度快吗'，就是能不能在较短的时间里，有效完成任务？'如何处理不会的作业'，就是遇到不懂的题目时是怎么处理的，有没有主动求助老师和做好错题本？

"第二，在规定的时间内完成规定的任务，提高速度。浮躁的同学有时快，有时慢。快的时候是跳跃性的，不按规范做作业，很容易出错；慢的时候，总是拖拖拉拉，效率低下。所以，要解决浮躁问题，速度是重要的一点，它能带动专注，但不能忘记质量是排在首位的标准。

"第三，不懂就问，每天坚持问问题。浮躁最突出的表现就是不懂装懂，消除浮躁最好的方式就是不懂就问。有的人也许会说，那我没有不懂的该怎么办？其实不是没有不懂，而是因为学得太浅、学得太少。如果你的学习有深度、范围广，你就会发现，你不懂的更多。所以，要每天寻找问题，并且坚持问问题，这会带来三个好处：一是看到了学习的不足，知道努力的方向；二是完善了自己的知识体系；三是引导自己努力地思考，养成良好的学习习惯。

"浮躁并不可怕，可怕的是不懂浮躁和不想去解决浮躁的问题。"

三、三个抓手：使用、放手还是培养

在班主任的心里，班干部到底是什么样的"存在"，班主任对班干部应该采用什么样的管理方式？在班级生活中，这个问题的答案将会影响班干部和班主任之间的关系。通常，使用、放手和培养是班主任定义班干部的三个抓手。

（一）使用、放手和培养的区别

三个点，到底抓哪一个，体现了班主任对班干部的态度。

使用，就是班主任只是在"用"人，让班干部只是做事，当个班级管理助手而已，并没有着力去培养他们，也没有给予他们太多的自主权。放手，就是在班级生活中，班主任给任务，完成以后进行评价，至于班干部能成长成什么样，就靠自己"悟"了。使用和放手是两个极端，却是一个类别，都是只关注事情是否做了，只看见问题，而没有看见过程中的人。班主任在使用和放手的时候，会根据事情完成度和完成情况来判断这个班干部能力是否突出，却不会关注事情对人的培养意义，以及人的思维在实践过程中的发展。

而培养作为一种抓手，需要班主任根据学生的特点和班干部的岗位要求，以任务为载体驱动人的主动性，根据完成的状况进行合理的评价，提出调整意见，促进反思与整改，以此提升班干部的能力。

（二）从"空间"入手，培养班干部

培养与放手，在某种程度上又是融合的，培养班干部需要适当放手，留给班干部思考和操作的"空间"，激发他们主动思考的可能，给予他们解决问题的权利。在活动过程中，班主任需要经常"不知道"。

1. 活动"方案"不知道

"老师，我设计了一个方案，您看这样做可以吗？"

"嗯，我看看。这几点，应该可以的。"

"那，剩下的这些呢？"

"不可以。"

"为什么不可以？"

"这个，不知道。"

看着孩子们一脸的无奈、无语，以及不忿，我暗自得意——"成长"一直在暗暗地进行，而我给了他们最大的"空间"。

"方案"不知道，就是针对班干部做出的方案，班主任只是进行启发，而不直接指导。这其实就是引导班干部对自我进行否定，进而在否定中提升。在这

个过程中,需要引导班干部思考三个问题:第一,我做的方案是否完整了?第二,方案的问题何在?第三,这个不能通过的要点该怎么去修改?

第一个问题是对整体方案的认识,是"面"的认识;第二个问题是认识方案中的问题部分,是"线"的认识;第三个问题是对方案中问题的某个要点的认识,是"点"的认识。这三个问题是线性思维的培养,就是从方案出发,从整体到个体的一种认识。

这是从全面的角度对"方案"的认识,考量的是班干部的策划力,它是班干部方案格局的完整性体现。

2.活动"做事"不知道

"老师,这个活动要注意什么呢?怎么样才能做得更好呢?我们想要拿个第一,需要做什么吗?"

"这个……这个,我也不知道!"

"唉,你又'不知道'!"

这个时候,孩子们一副想要发"疯"的样子,让人忍俊不禁。但是,他们知道,从我这里是拿不到答案的,只好摇摇头,去找同伴商量了。

"方案"是宏观的体系构建,"做事"则是微观的方法实践。"做事"不知道,其实就是引导班干部在原先的宏观视野下进行微观操作的思考,这是活动寻找落脚点并落到实处的步骤。班干部通过这个步骤,不仅能懂得如何做事,还能懂得寻找事情的关键点。在这个环节,班干部会思考三个问题:第一,这个活动什么时候做?第二,这个活动最关键的点在哪儿?第三,我需要搞定几个方面?

这三个问题是一种立体的逻辑。首先,它提到了活动时间、活动关键点、活动因素等,是从外延上对实践过程的延伸;其次,它呈现了多个类别的实践,有时间的延续、因素的关联和内在的活动关键点。

综上，这是从不同角度认识"做事"，考验的是班干部的执行力。这是班干部自我提升最合适的载体，也是班干部培养的主要方式。

3. 方案"弥补"不知道

"老师，我们在这个活动中，可能会出现什么问题？我们这个方案还有什么要弥补的吗？"

"我……我，我怎么知道啊？"

习惯了我这么一副"懒样"，他们面无表情地走出办公室，死心了。

"弥补"不知道，就是引导班干部针对活动过程中可能出现的问题做弥补，反思每个可能出现问题的细节，在原有基础上再提升。一般说来，要认清三个方面：第一，原有的思考足够完整吗？第二，有哪几个方面是可以改进的？第三，还有哪些方面可以补充？

这三个问题，前面两个是班干部的认识；最后一个是全体学生的"监督"，目的是让更多的学生参与活动设计，借助更多的人达成完善方案的目的。

4. 活动"总结"不知道

"老师，活动结束了，您是不是应该说点什么了？"

"对谁说？"

"对大家说呀，做个活动总结啊。"

"哦，那是你的事情。"

"哦，好吧，我知道答案了，反正您就是这样的。"

"总结"不知道，就是让班干部对整个活动和设计过程进行总结，包括：对成功经验的总结、对失败教训的整理、对细节的认识与把握。这是发展性思维的培养，也是学生领导力的提升。总结有三个角度：第一，总结活动成果或者失败教训；第二，总结学生的表现；第三，引导班干部学会总结的方法。第一个角度指向活动的发展，第二个角度指向个人的发展，第三个角度指向班干部的发展。

四、四个维度：培养过程系统综合

班干部的培养，核心是提升他们的管理能力。班干部管理的内容包括对班级纪律的维护、对班级日常事务和偶发事件的处理、班级内外的沟通等。它需要一个班干部具有综合性的能力，主要包括：领导气质、宏观思维、人际交往和榜样示范。因此，班干部的能力培养不是靠一两个活动就能做到的，它是一个综合系统的作用过程。

领导气质包含领导能力与妥协能力，就是班干部起带头示范作用，同时得到同学的认同的能力；宏观思维包含组织能力与规划能力，这是对整体进行宏观认识和实践组织的能力；人际交往包含发现能力与沟通能力，就是做人的工作的能力；榜样示范包含垂范能力与人格魅力，就是看自己可以做到什么，以及做成什么样，并以此影响他人。这四个方面相互融合，综合表现为班干部的管理能力。

班干部能力培养的综合系统

示范·激励·成长

关键词				
背景	1. 价值点：班干部的作用不仅仅是帮助老师管理班级，更是班级的象征，他的自律和向上精神是学生学习的品质，是同伴教育的源点。 2. 成长点：班干部的成长其实就是卓越学生的成长，我们需要从不同的维度规范班干部的成长，拓展卓越学生成长的空间，这是一种发展模型。 3. 期待点：人的成长是师生的共同期待，是目标的确立与践行，这是成长的方向。			
能力区	领导气质	宏观思维	人际交往	榜样示范
成长关键点	执行与团队	规划与合理	交流与敏感	要求与表现
能力	领导能力与妥协能力	组织能力与规划能力	发现能力与沟通能力	垂范能力与人格魅力
能力分层	1	有办法，管住人	有方案，做活动	懂换位，能宽容	身先士卒，做得到
	2	有团队，影响人	有策略，解难题	见问题，会归类	积极向上，帮助人
	3	有魄力，激励人	有规划，带班级	安全感，愿同行	独立人格，感染人

续表

| 具体操作方法与活动 | 【团队选择】
1. 班干部竞选与征询
2. 组长述职与聘任
3. 小组管理制度的建立
【团队规划】
4. 微班会：四个角度赞我们
5. 学会开班干部会议
6. 本组学习、纪律和团队建设
【团队展示】
7. 每日主题讲话
8. 管理团队展示
9. 反思：最难过的事情 | 【宏观思考】
1. 班级工作周计划
2. 关于规则的计划
3. 同学谈话计划
【宏观实践】
4. 班级工作实施及问题归类
5. 主题活动预案设计
6. 每天七件事
【宏观重构】
7. 交作业的计划——讨论
8. 班级规则的实施计划与反思
9. 反思：活动的经验 | 【发现问题】
1. 自学课观察表
2. 建设与规范自学课（分组共建）
3. 我们共写一本班级书
【沟通解决】
4. 同学谈话及反思记录
5. 帮助同学行动计划
6. 同学分组及原因
【重建关系】
7. 人际交往图的分析
8. 反思：我为帮助你而来
9. 同伴一起进步——目标 | 【自我要求】
1. 自我表现：无师——晨会＋自学二
自主管理：有师——课堂＋学习＝师生合作
2. 目标：一个真实的自我
3. 班干部一日工作流程
【自我建构】
4. 向上：每日一问、每日一省、每日一思
5. 向善：我承包你的进步
6. 向优：比上次更好一点
【自我发展】
7. 以积极视角看成长
8. 记录：我做了什么
9. 反思：我和我的班 |

系统的每一个影响因素都有四个维度：背景、能力区、关键点、操作方式。这就是为什么要培养，在哪个区域培养，关键是抓住什么，怎么培养。

1. 背景：定义班干部培养的源点。为什么要培养班干部？在现代班级建设中，班干部处于什么样的地位，该如何理解班干部在班级中的作用？对此我们都需要做一个系统的了解。从学生成长、班主任工作、班级发展等方面合理认识班干部的作用，才能理清班干部发展的脉络。

2. 能力区：划定班干部培养的区域。培养班干部，为什么要做领导气质、宏观思维、人际交往、榜样示范这四个方面，而不是其他方面？合理的区域划定，是班干部培养工作效度高的体现。基于班级生活中的学生需要，构建班干部的成长范围，是一种有的放矢的培养。这样能引导班干部在成长过程中知道自己需要什么，并且朝着明确的方向前行。

3. 关键点：抓住班干部培养的核心。培养，不是一个大面积的发展，而是从一个点到一个面的过程，品质之间、能力之间都是相互联系的。所以，抓住某个点，并促进和完善这个点，将有可能激发更多的能力。这一个点就是我们培养的关键，也是班干部成长的核心。

4. 操作方式：实现班干部培养的成长过程。背景、能力区和关键点，都指向我们在教育过程中的选择和判断，真正让这些判断落到实处的是操作方式。操作的核心在于"怎么做"，其具有三个特点，就是层次上不断进步、过程中反复磨炼和不断反思调整。这是一个人思维成长的规律，也是进步的条件。同时，所有的操作都围绕着班级生活，在执行与团队、规划与合理、交流与敏感、要求与表现四个关键点着力，真正做到操作在实处。

教育的效果源自方法的实践，如果说背景、能力区、关键点是班干部培养的目的和目标，那么具体方法就是达成目的和目标的途径。譬如，培养"领导气质"，我们的关键是"执行与团队"，主要分成三个步骤：团队选择、团队规划和团队展示。

团队选择，就是班干部的选择，包含班干部的竞选及征询、组长的述职与聘任、小组管理制度的建立。它的意义在于通过竞选选择班干部，通过述职进行过程评价，通过制度建设关注能力。团队规划，就是看班干部的规划能力：以"四个角度赞我们"发现班干部的优点，以"学会开班干部会议"看班干部的规划能力，以"本组学习、纪律和团队建设"看班干部的实践能力。团队展示，就是看班干部的执行力：以"每日主题讲话"看班干部的表达能力与思维发展，以"管理团队展示"看班干部的策划力，以"反思"看班干部的再发展能力。每一个模块，都是针对本能力区的培养，并以此推动班干部执行能力的提升。

五、五个步骤：思维培养分解定位

在我所带的班级中，有时没有班干部和非班干部的区别，几乎所有的人都是班干部。大家通过公共资源的获取，行使自己的权利。在这里，一个人的管理能力，其实就是处理自己资源的能力。但是我发现很多同学在实践公共资源的时候，效果并不好，有的同学甚至"玩忽职守"，这直接影响了班级建设。

有人说："其实，有没有能力无所谓，方法是可以模仿的呀，别人怎么做，自己也怎么做呀！"听起来好像很有道理，但是这样的方式持续不了多久。在短时间内可以模仿，但是时间长了之后，当我们找不到别人的做法的时候，该怎么办？

其实，所有的做法都应该是源于自己的，也就是说，每个人的做法都应该是自己思考的。思维控制着行为，我们需要具备一定的行为"思维"，才能培养自己的行为能力。

可是，我们该具备什么样的思维呢？什么样的思维才能真正帮助我们找到办法，解决问题呢？

思维的培养是一个过程，它建立在一次次实践、一次次活动的基础上，我将它分解为五个步骤：

（一）面对现状，我要解决什么问题？

当我们看到一个现状时，可能会发现其中很多的问题。问题之间是有关系的，当所有的问题并列呈现的时候，肯定会有核心问题和相关联的问题，核心问题影响着其他问题，核心问题的解决直接牵涉其他问题。问题之间的联系决定了问题是有轻重缓急、先后顺序的。

如果我们找不到核心问题，只是在旁支的问题上纠结和浪费时间，就不仅解决不了问题，而且无法理顺解决问题的思路。

譬如见到班级卫生问题的时候，我们需要考虑的是什么时候有问题，主要发生在哪些场合，负责人是谁，为什么原来的方法不管用等。这些问题的存在，哪一个是最关键的？我们需要找到影响最大的"那个"。

（二）关于"那个"问题，影响的因素有哪些？

我们要解决的"那个"问题，到底有多少影响因素呢？这是我们分析问题的第一步。在每一个问题的影响因素中，总有两三个是决定性的，我们称之为关键因素。这是这个问题的关键按钮，也就是说，只要抓住关键因素，问题就不复杂了。一般说来，从自身的角度、从身边的环境去寻找到的因素，就是关键因素了。

譬如确定了班级卫生问题后，我们需要看看影响的因素是什么。是卫生打扫本身有难度，还是打扫卫生的同学不认真，还是打扫时间安排得不合理，还是管理有问题？只要能分析清楚问题的影响因素，事情就已经成功了一半。

（三）我有哪几种解决问题的方法？哪一种是最好的？

任何一个问题都有多种解决的方法，而且总有一个是最合理的。所以，我们需要多角度思考解决问题的方法，同时，要寻找到其中最好的方法。

譬如，解决卫生问题的时候，劳动习惯、劳动方法和责任感会成为关键。未必所有的最好方法都是简单方便的，但一定是最高效的。

（四）我选择这种方法的原因是什么？

选择一种方法，就需要明白为什么要选择它。我们通过分析、辨别和判断，懂得什么样的方法才是好方法，这个判断过程，不仅仅是一种对方法的认识，更是选择能力的体现。

譬如解决卫生的细节问题，我们采用了每天巡视，随时解决的方法，在人员安排上，让值周组长、副班长和卫生委员三合一，做好随时的检查和补救工作。

选择这样的方法，就是为了激发班干部的责任心，让他们对步骤有完整的认识，保证他们有足够的时间。这正是针对我们平时巡视不及时、大家不重视卫生等原因选择的。

（五）这次解决问题，最关键的是什么？

如果说解决问题是一种完善，那么解决问题之后的反思，才是一个人能力提升的关键。所以，我们在解决问题之后，还需要想想这一次解决问题，最关键的是什么。

有的时候，可能是对问题的确定，因为确定了问题之后，才能够去解决它；有的时候，可能是对问题的分析，因为分析可以确定解决问题的方向；有的时候，是方法的选择，对不同的人用不同的方法，才能真正高速有效地解决问题；有的时候，是对自己内心原因的剖析，因为这是初始的动力。

我们综合了"确定问题、分析原因、寻找方法、得出原因和反思关键"五个步骤，其实就是从思维的角度，对问题从"起点"到"终点"做一番思考。这样的思维方式，遵循了思维发展的过程性特点，遵循了事情本身的发展规律。

五个步骤是"行为"，推动五个步骤的就是"思维"。所以，有什么样的思维，就有什么样的行为，思维决定行为，行为反映了思维。

我想起了青石班的班长婉怡同学，她在处理事情的时候，从来都是先问清几个问题：1. 这次我要做什么？ 2. 做这个事情，主要是解决哪个方面？ 3. 有没有最好的方法？ 4.我为什么要这么做？ 5.这个事情带给我们班什么样的启示？它们和当下的五个步骤是一样的。所以，婉怡同学成了青石班的精神核心，她带着青石班一步一步走向更好。从青石班毕业的同学，有一半多在高中当了班长。这就是成长的标志之一。

我们也可以因为这样的思维，不断地完善自己，成就更优秀的自我！

第七章

主题班会：教育载体的平凡与不平凡

"主题班会真的有教育效果吗？"

"那些都是虚的，就是各种表演、各种活动，上完之后，老师都累死了，可学生还没有什么改变！这样费心费力而又形式化的事情，我们还是少做一点！"

"对对对，主题班会其实就是给别人看的，真正的教育作用有多少，我们自己清楚。"

在主题班会实施中，这样的说法比比皆是。所以，很多老班主任并不愿意上主题班会，许多年轻班主任一说起主题班会就一头雾水；许多班主任甚至把主题班会上成学科的课，更有些人把它当作布置任务课、责备课、吐槽课等等。

开主题班会作为班主任德育的主要途径之一，在教育中的作用极大。很多孩子在毕业之后对我说："多年以后，初中阶段能够让我记得的，从来不是那些学科的课，而是那些引起我反思，推动我成长的主题班会课。"其实，主题班会正是那种看起来平凡，在教育过程中却发挥着不平凡作用的教育载体。

关于主题班会，需要考虑三个问题：上什么，怎么上，上成什么样。上什么，就是班会课的主题是什么、从哪里来；怎么上，就是怎么上这节课，怎么去思考这节课中人的成长过程及方式；上成什么样，就是一节课、一个学期的主题班会课和三年的主题班会课，该怎么构建它们的体系。

一、上什么：一个人成长的主题品质

教育的核心是促进人的成长，所以主题班会"上什么"，前提是思考"为谁而上"，其实就是要关注到"人"，思考人的成长包含什么、人要成长为什么样子、人成长的核心点是什么。只要解决好这些问题，就解决了"上什么"的问题。其中，关键是"成长为什么样子"，也就是成长品质，这是主题班会的出发点。

（一）主题班会的品质体系

一个人的成长是系统性的，是基于德智体美劳的多方位提升，所以主题班会"上什么"，指向的就是一个关于成长品质的体系。

教育，归根到底是引导一个孩子寻找真实的自我。所以，我所带的石心班以"一个真实的自我"为核心，基于德智体美劳五育并举，以"坚定、坚强、坚韧、坚持、坚毅"为目标，基于每个孩子的个性，界定主题班会的"上什么"。

"上什么"是以品质培养为核心的课程，所以在不同的角度上，我们界定了相关品质：在德育上，以诚实、感恩、责任和温和界定人格品质；在智育上，以专注、目标、自律和反思界定智力品质；在体育上，以超越、主动、勇敢和坚持界定身体品质；在美育上，以善良、奉献、创新和欣赏界定艺术品质；在劳育上，以帮助、勤劳、自信和乐观界定劳动品质。

这个"真实的自我"界定了主题班会的内容：第一，从人的成长的整体性出发，界定了品质的体系化，宏观规划了一个人的成长；第二，从成长的规律性来看，它确定了成长的目的，以"一个真实的自我"为核心，导向明确，目的清晰；第三，它将每一个品质都解读为多个层次，呈现品质培养的过程性和递进性，让成长过程变得具体、可视和直观。

（二）品质弥补是主题班会的源点

学生的成长品质源自"要什么"和"缺什么"。"要什么"就是学生想要成为什么样的人所需要的品质，"缺什么"就是学生在遇到成长问题时表现出来的品质缺失。

培养什么样的品质要看当时"缺什么"，只有建立在具体情境基础上的培养，才是合理有效的。一个成长中的人，在不同阶段有不同的品质要求。

"老师，在小学四年级的时候，我喜欢一个男生，一直到六年级。"小林和我站在走廊上，看着操场上的人来人往，悄悄地对我说，说完，还环顾了左右，仿佛怕自己的小秘密被人知道了。我笑着，摸了摸她的头："傻丫头，谢谢你的信任。"

可是，她眼神一暗："可是，可是，他们说我是'瞎了眼'，认为我太没有眼光了！"

"为什么呀？"我问道。

"因为，因为，他们都说，那个男生真的很一般，大家都认为是我眼光不好！"这个学业名列前茅、表现令人称道的女孩轻轻地说了这句话。

我笑着说："让我来给你算一算吧，我觉得那个男生肯定是体育特别好，人说话很干脆，虽然成绩一般般，但是你觉得他就是挺好的。"

她瞪大了眼睛，张大了嘴，大叫一声，往后退去："您怎么知道呀？"

我一把拉住她："我会算命呢，哈哈哈哈……"我接着说，"其实，我们喜欢一个人，并不是因为这个人是完美的，而是因为我们发现他们身上有我们不具备的品质，这是我们向往美好的体现，也证明了我们的眼光。"

听了我的话，她眼睛一亮，明白了自己的状态。

一个人在小学高年级和初中阶段，对异性有好感是十分正常的。喜欢一个人，乃至说爱上一个人，是青春期异性交往的自然现象。当老师和家长都以影响学习为名，强烈反对的时候，其实已经违背了成长的规律。从小林的描述中，我看到了她甚至是这个阶段的孩子在爱情认知上的缺失。

（三）品质建设是主题班会的目的

青春期时对爱情的认识，不仅影响到一个人当下的学习生活，而且是奠定他未来爱情观的基础。上述案例中他人的反对源于对青春期学生情感的片面理解，是无法帮助小林建立合理的爱情观的。其实，每一阶段的情感都需要我们尊重并承认其合理性。我们要寻找合理的方法，帮助学生面对成长中的美丽邂逅。在小林的困惑中，我看到的其实不是问题对成长的"威胁"，而是她对成长指导的渴望。关于青春期的爱情，我们可以这样认识：

1. 认同情感：因为品质的优秀

遇见成长中的问题时，第一步要做的并不是寻找方法解决问题，而是学会和问题相处。所以，当学生出现情感问题时，我们应该具备这样的态度——认同情感。

认同情感，分成三个层次：

一是认同情感存在的合理性。这其实就是认同情感是成长中的自然现象。每一个人都有情感需求，每一个阶段的情感对象都是不同的，我们应该学会与各种情感相处。

二是认同情感生发于品质的优秀。这其实就是告诉我们，喜欢一个人，并不一定是因为那个人本身，而是因为他身上的优秀品质，这些品质正是一个人发光的基础。所以，我们被"光"照耀的时候，也就被各种品质吸引了。

三是认同情感出现问题是因为方法不合适，就是说在面对情感的时候，要知道如何处理。不同阶段的情感现象和心理动机都是不同的，面对不同的问题，必须要有不同的处理方法。

小林在成长中遇到的情感本是正常的心理倾向，可是因为受到了身边人的影响，就变成了一个小烦恼。当她认同了情感存在的合理性，发现了自己的倾向点，然后学会用合理的方式与情感相处后，困扰就不存在了。

2.尊重彼此：寻找相处的距离

情感发展中的多巴胺分泌和人的心理倾向，会使得发生情感的双方相互靠近，互相了解，寻找最好的相处方式。但是，在相处中，双方内心的情感指数并不相同，对于相处距离的要求也不同，需要在磨合中寻找彼此都觉得舒服的相处距离。所以，我们应该基于这样的基础相处——尊重彼此。

尊重彼此，分成三个层次：

一是认可对方的独立性，就是认可情感对象的独立人格和情感的自由，不以喜欢为理由"绑架"对方的情感。每个人都是一个独立的情感个体，有理由选择喜欢，同样也有理由选择拒绝。

二是找到最为舒服的相处距离。人和人的相处，如果因为某一方的做法让另外一方感觉到恐惧、不安、焦虑，那么这样的相处就是不必存在的。

三是保护对方的情感和身心，就是在相处中，以"喜欢"为基础，认同对方的情感，懂得喜欢就是珍惜、保护和理解，不违背对方的意愿。

小林对于这段情感很困惑，但是她很清楚地知道，当下她更需要思考和远观。只有在保持距离的时候，才有足够的思考空间，才能懂得自己需要什么。清醒的认识和合适的距离，最终能保证自己处理问题的"度"。

3.引领方法：以爱为名的认同

在青春期情感的相处中，出现问题的时候，我们除了折磨自己，就是折磨对方，陷在情感的泥淖中出不来。究其原因，双方对于情感的认识固然是一个关键点，但是不懂方法地面对情感，是青春期的硬伤。

引领方法，分成三个层次：

一是懂得喜欢，就是懂得喜欢一个人就是喜欢他身上的闪光品质，就要让自己成为那样的人，或者更好的人，以"相配"彼此。喜欢不是一种占有或者得到，而是一种懂得和成全。只有懂得了喜欢，才能被认同，才有自我的愉悦。

二是认识自我，就是对于自我有深度了解，包括了解我是一个什么样的人、我会如何面对事情。无论是学习和生活，这些都是决定自己在情感中选择态度、确定行为的基础。

三是保持底线。我们虽然承认了青春期爱情的存在，但是青春期的孩子尚未真正具备从爱情走向婚姻的能力，更不具备承担爱情责任的能力，所以，要让他们保持底线，敬畏情感，守候爱情，并期待爱情。

小林懂得了方法，更懂得在遇见困惑的时候寻求帮助。她站在我面前的时候，就是以求助的姿态存在的，所以她的困惑解决了，她也从中走出来了。

4. 提升标准：追求梦想的前行

在青春期教育中，面对爱情，我们要和学生谈什么？一味地否定和"棒打鸳鸯"，其实都是违背人的成长规律的。从现实来说，我们或许都不希望在学习阶段，学生会因为情感问题影响到自己的成长之路。如何让学生理智地面对青春期的不理智情感，又能在理智之下建立爱情观，奠定未来的价值认识，这些成为青春期爱情教育的关键。我们需要在青春期教育中，提高学生的选择标准，助力他们确定前行的方向，成就最好的自己。

提升标准，主要分成两个方面：

一是提升自己的品质，就是明确最好的自己应该是什么样的，达到自己最好的状态需要哪些方面的逐步完善、哪些品质的不断成长。这不仅是看到最好的自己，同时也给自己的选择提高了标准；不是停留在当下，而是在情感的基础上添加一些理性，让自己的选择更加合理。

二是提升对对方品质的要求，这是一种认识，一种对于自己选择的对象或者说对于爱情的认识。不将就，更不随意，在此基础上建立的爱情观，才是理智的，更是基于现实的。

当小林的脑子里有了对优秀品质的认识后，她就会建立自己的标准，这就是我们在青春期成长受到的教育吧。

二、怎么上：一种品质培养的过程

在主题班会实践中，最关键的是"怎么上"，很多班主任就是在这个环节受阻，导致自己失去了信心，学生失去了兴趣。"怎么上"的难度，在于没有固定的方法，没有固定的教材，只有培养品质这一个宏观的要求，所以班主任如果缺乏从宏观到微观的转换能力，就很难上好主题班会课。

（一）品质培养的四个步骤

上主题班会课，实质上是一种成长品质的培养过程。品质的培养有四种影响因素：定位什么品质，就是结合学生成长的特点，看看学生在这个成长阶段主要需要培养哪一种品质；如何解读品质，就是针对品质进行分解，看看这一品质的核心点到底是什么；以什么形式培养品质，就是结合品质核心寻找载体，设计教育活动，引导参与，推进体验；如何引导学生认识品质，则是要构建问题系统，以任务驱动学生体验，促进思维成长。

对这四种因素的思考成为品质培养的四个步骤。譬如在班集体建设中培养集体荣誉感，需要让学生认识到"合作"的意义，并在班级生活中引导每一个学生形成"合作"的品质。在主题班会课上，根据四个影响因素，我们构建了四个操作步骤：

1. 定位品质

定位品质，需要从学生的年龄、班级建设的阶段、班级的现状和教育的目的入手。初一阶段正好是集体的形成时期，此时，"合作"是推动集体荣誉感培养的关键品质。学生学会了"合作"，就能懂得在班级里与人相处的规则，就能明白班级的意义。

2. 解读品质

培养"合作"的品质，并不仅仅是在实践中让学生以"合作"的形式完成任务，更重要的是让他们看到"合作"的内涵。具体来看，"合作"是这样实现的：在班级生活中，遇见一个任务，首先，每个学生根据自己的能力选择自己的项目；其次，相互之间按照互补的原则，做好自己能力范围内的事情；最后，能力强的人多承担，能力弱的人要尽力。从中可以知道，"合作"其实就是"我有自己的特点—我尽自己的责任—我和他人合作"。其中最核心的就是责任，就是说，合作的关键点是激发学生的"责任"意识，它会影响接下来的"合作"过程。

3. 培养品质

这个步骤就是寻找合适的载体以体现学生的"责任"，然后引导学生"合作"。合适的载体有三个要求：能让每个人尽力，能体现合作，能引起思考。于是，我设计了一个活动——手指的力量，让参与活动的学生，每个人伸出一根手指，然后合作托起一个人。这个活动，能组织更多的学生参与；还可以以比赛的形式进行，不仅有挑战性还有趣味性；更为关键的是它体现出微小的力量在合作之后能够变成更大的力量的道理，能颠覆学生原来的认识，引起学生的思考。

4. 认识品质

要针对不同阶段的活动目标，设计这样的序列问题：

预设阶段：你认为一根手指的力量有多大？你可以用一根手指举起一个人吗？如果大家一起努力呢？

反思阶段：在活动中，谁才是决定成功的人？由此可以得出什么结论？最后的成功，给你什么样的启示？你认为合作的核心是什么？

两个阶段，序列化的问题，不仅能引导学生思考，还能以任务驱动学生认识品质，并在活动中培养品质。

"怎么上"，不仅仅是一个"上课"的过程，更是对人认识问题的思维进行解构和重构的过程。我借助四个步骤分解了一节课的过程，不仅是为了上好一节课，更是为了认清一节课的思维发展是从抽象到具体，从目的到操作的。只有理解了四个步骤的发展，才能上好一节主题班会课。

（二）品质培养的活动载体

"怎么上"的核心在于活动设计，就是通过一个活动，让学生参与思考，参与经历，参与体验，参与反思，参与感悟。我将从特点和例子两个方面来说明主题班会的活动设计。

一般说来，活动设计应该具备三个特点，这是基于活动设计的人性化思考：

1. 有趣。活动本身一定要好玩，枯燥无味的活动是令人反感的。任何一个活动，学生如果失去了参与的兴趣，就无从谈起体验和感悟了。

2. 有层次。活动应该是有层次的，一个活动的层次就是人的思维发展的过程，所以在活动中，我们需要根据层次，设计活动，引导学生思考，并促使活动达成效果。

3. 有体验。活动应该让学生有体验的可能，这就需要问题的引领。也就是说，我们要通过问题引导学生进行思考，在思考中认识活动的价值。这是体验，更是发展的可能。学生正是通过教师的引导逐渐发展、逐渐改变的。

我们需要根据不同的主题，设计不同的活动。这些活动都要和主题相关。所以，我们这样界定：

人格品质		诚实	感恩	责任	温和
游戏	主题游戏	信任背摔	给妈妈的话	背靠背	平和跳跃
	附属游戏	与你同行	猜猜妈妈的手	珠行万里	空中飞"蛋"
智力品质		专注	目标	自律	反思
游戏	主题游戏	解锁	成长规划瓶	计划表	我心我网
	附属游戏	十人九足	时间目标计划	我的许愿瓶	空椅人生
身体品质		超越	主动	勇敢	坚持
游戏	主题游戏	挑战不可能	活动预案	穿越烽火线	首尾相连
	附属游戏	致十年后的自己	一日生活流程	枪林弹雨	手指的力量
艺术品质		善良	奉献	创新	欣赏

续表

游戏	主题游戏	红日亭的一天	我的奉献日	金点子集中营	点赞"追光"
	附属游戏	我来帮助你	有求必应	创新集市	720小时人生格言
劳动品质		帮助	勤劳	自信	乐观
游戏	主题游戏	过人生"桥"	四象限法则实践	我的"十八优点"	寻找最亮的点
	附属游戏	品质活动预案制定	大扫除预案	我最美的样子	"黑子"的明亮

三、上成什么样：主题班会序列化

上成什么样，其实不是对一节课的界定，而是对一个阶段的主题班会课的界定。上成什么样，不是看这一节课，而是看接下来的很多节课，以及这些课组成的主题班会之间的结构，对人的成长起到什么样的作用。它体现了对主题班会的宏观认识，是从顶层架构主题班会这一形式对人的成长的影响。它是结合人的成长的过程性、个性化和阶段性特征，构建主题班会的要求。

所以，班级的主题班会应该具备三个特征：序列化、过程性、阶段性。序列化就是主题班会培养的品质不是某一个点，而是三年根据一个点的延伸和发展；过程性，就是品质培养和学生的成长都是一个过程，要把教育做成一个过程；阶段性，就是每个年段的学生都是不同的，要根据不同阶段的特点，界定品质的重点和主题班会的重点。

譬如，以"一个真实的自我"作为教育目的，界定的序列化主题班会是这样的：

主题班会序列化品质培养表

类别	类型	品质	七年级	八年级	九年级
德	人格品质	诚实	诚信在行动	诚信交往	诚信与社会
		感恩	父亲节	身边的 TA	我就是我
		责任	我和我的班	珍爱自我	爱的广度
		温和	文明待人	与你相处	情商与成长
智	智力品质	专注	注意与结果	学会抓重点	××与核心思维
		目标	我有一个梦想	我与梦想的距离	我的青春梦想
		自律	最好的样子	我的朋友圈	底线与原则
		反思	反思的方法	成长的为什么	当下与未来
体	身体品质	超越	荣耀与骄傲	十分钟后的自己	成长的方向
		主动	成长的核心	最亮的星星	成长的起跑线
		勇敢	我来试试	我的青春我做主	挫折与逆商
		坚持	再走一步	挑战我的极限	好计划与好结果
美	艺术品质	善良	柔软的心	我和我们	人际交往你我他
		奉献	能力的外延	奉献的力量	站在社会的中央
		创新	班级的样子	我更好的样子	最好的样子
		欣赏	点赞追光	为你点赞	发现美123
劳	劳动品质	帮助	合作	我的能力点	我来
		勤劳	努力的美	撸起袖子	勤为径
		自信	我的18优点	我可以的背后	石心为玉
		乐观	灰色的背后	世界的两种颜色	风雨后的阳光
主题			习惯规范	个性发展	学习品质

我们从德智体美劳五个方面界定的品质出发，根据学生的身心特征设定了三个主题：七年级是习惯规范，八年级是个性发展，九年级是学习品质。然后在二十个品质的要求中，根据三年的变化，设计了六十节主题班会课。它们有这样的特点：

1.序列化，看见品质之间的联系。开主题班会是一个班级的主要德育途径。序列化的主题班会将人的成长界定为人格、智力、身体、艺术和劳动五个方面二十个品质的提升，品质之间有联系，品质本身有层次，呈现了人发展的"秩序"

和品质规范的"系列",在成长中突出了教育的过程性。

2.层次化,看见品质内涵的延伸。七至九年级是孩子成长变化最大的三年,又是人格形成最重要的三年,序列化的主题班会根据不同身心特征,分解层次,设计不同的主题内容,因材施教。品质的层次不仅仅是品质的外延发展,更是我们对品质内涵解读的深化,这是品质培养的重点。

3.个性化,看见班级特点的不同。主题班会应该是结合自己班级特点的课,是建立在自己班级学生成长的基础上的课。在序列化的主题班会设计中,我们看见了学生三年的成长,也看见了针对不同阶段不同问题的解决方式。成长是学生的主要任务,在问题中成长是成长的主要方式,序列化的主题班会将会引导学生更新自己的问题,以此为台阶逐层提升。

4.核心化,看见教育目的的动力。所有的教育都是为了促进人的成长,在教育目的的指引下,成长才能具体化。一个真实的自我是一个人成长的方向,是一个人在现实生活中寻找自我、看见最好的自己的动力。六十节主题班会课都是围绕着寻找真实的自我、看见最好的自己,然后设定目标,分配任务,指定要求合理安排的,这一切都源自教育目的。

第八章

家校合作：看见孩子背后的那个人

谈起教育的问题，很多老师脑里就浮现出"熊孩子"的样子，然后一脸苦笑。面对熊孩子的束手无策，不仅仅是当下老师的现状，更是家长的苦恼。可是，熊孩子生成的原因到底是什么，是教育的无能为力还是家长的放任自流？

很多人喜欢把教育局限地理解为狭义的学校教育，于是熊孩子的问题就直指学校教育的不给力，这也导致了熊孩子总是难以从"熊"走向"不熊"。

一个熊孩子的生成，成长环境、个性特征、身心发展和心理诉求缺一不可。四大因素中，成长环境包括家庭环境和此前接受的教育，个性特征是一个人成长中的心理特征和家庭环境特征的综合体现，身心发展是一个人成长的阶段个性和家长个性的融合，心理诉求是一个人在不同阶段的身心发展的需要。综上，大部分的根源都在家庭。可以这么判断：一个孩子将成为什么样的人，80%受家庭影响，也就是说，家庭是决定孩子成为什么样的人的核心因素。

如果要改变一个孩子，家校合作是最好的方式；如果要成就一个人，家校合作是最大的动力。在合作中，原生家庭的影响、学校的专业性操作，在教育孩子的时候就是两股推动的力量。

家校合作的教育包括内容、形式、过程和反思四个方面。一般认为，内容上关注合作的重点品质，形式上关注合作的载体，过程中关注家校之间的交互融合，反思时关注家校各自的责任和边界。

一、内容：家校合作以什么品质为重点

家校合作的教育效果是建立在操作基础上的，实践时需要思考家校合作的内容包含什么，就是我们要做什么。内容是家校合作的起点，决定了在哪些方面进行家校合作。孩子的成长是家校合作的着力点，所以家校合作的内容离不开孩子的成长。

（一）不同方面的合作有不同核心品质

一般说来，一个孩子的成长包括思想、学习和行为三个方面，评价一个人的时候，也是从这三个方面入手的。但是，它们的广度给合作带来了困难，我们必须要抓住其核心。所以合作的时候，思想的责任感、学习的效率和行为的规则意识，是家校合作要培养的核心品质。它们决定了一个孩子的人品、学习水平和行为表现，在这三个品质上表现优秀，是老师和家长都喜欢看到的自己孩子的样子。

以"学习的效率"为例，如何在家校合作中提高学习效率？从操作上来说，学校需要以专业的方式分析、概括提高学习效率的具体方法，分析学习过程并合理调整；家庭需要记录实践中提高学习效率的过程，做好学习过程情绪防御的心理准备。一般说来，家校合作提高学习效率从四步入手：

1.以专业实践提高学习效率。要提高一个人的学习效率，学校的专业分析、专业判断等才是实践的核心。我们制定了"时间管理表"，通过专业可操作的方

式提高学习效率。"时间管理表"以 30 分钟为一个单位项目时间，要求在规定的时间内完成规定的任务。过程中的主要操作方式是：合理安排时间，规划实践任务，在全神贯注中提高学习效率。

2. 记录提高学习效率的过程。提高学生学习效率的实践，操作地点在家庭，由家长每天晚上记录孩子的学习时间与学习表现：是否完成？为何没有完成？差多少时间？原因是主观的还是客观的？弥补的时间是多少？家长根据这五个问题记录每项任务的学习过程，为最后的分析提供材料。

3. 做好学习过程情绪防御的心理准备。在学习中，学生心理会有较大的波动，枯燥的过程和无助的坚持，会让原本学习效率不高的人出现情绪崩溃的情况。这时，家长需要关注学生的成长目标，稳定学生的基本情绪，催生学生成长的动力，帮助他们建立克服困难的信心，为坚持的过程做好心理预设，以保证学习效率的提高。

4. 分析学习过程，确定结论。经过较长时间的坚持之后，学校通过每天记录的材料，"看见"学习特点：每天都能在规定的时间内完成吗？主要是哪几个项目？原因是主观多还是客观多？安排项目的时候，哪些在前，哪些在后？心理反应是什么？于是，学习效率低的原因、畏难的学科、影响的主要因素等都一一浮现，然后"对症下药"，解决问题。

（二）不同阶段的合作有不同重点品质

一般说来，每个孩子在成长的每个阶段都有相应的重点：七年级的孩子要养习惯；八年级的孩子要成个性；九年级的孩子要重学业。三个重点核心明确，习惯中的学习习惯，个性中的人际交往，学业中的目标意识，这些品质"点"是孩子成长的核心问题。

以"目标意识"为例，在九年级要通过家校合作，引导孩子建立目标，践行目标，达成目标，提高自己的学业成绩。从操作上来说，学校要解析目标在人的成长中的作用，用具体方法引导孩子实现目标；家庭需要分析并具体化成长目标，关注目标践行过程。家校合作建立"目标意识"从三步入手：

1.解析目标对成长的作用。制定的目标有三个特点：适切性、挑战性、过程性。适切性就是说目标要吻合学生的当前状态、阶段需要、个性特征等，只有这样的目标才能成为一个人成长的动力。挑战性就是说目标要有一定的难度，要比当前的要求高一点，学生需要努力一下才可以达到。过程性就是说目标不仅仅是一个结果，更是一个实现的过程，这样的目标能积累感受，让人有成就感。以上三个特点是学校基于学生的成长对目标内涵做的解读，体现了目标对成长的促进作用。

2.分析并具体化成长目标。在走向目标的过程中，家庭作为最期待学生成长的一方，对目标的作用在于具体化目标。具体化目标就是将学生制定的成长目标变成可操作、可视的行为。譬如针对学生的中考目标，家长可以带学生访问心仪的高中，丰满学生心中的印象，让目标变得可以触摸；同时，帮助学生分析当前的状态，认清和目标之间的距离，从行动角度、分数角度制订小计划，并在限定时间内完成。家庭把目标分析得越具体，家长和学生就越能认清目标。

3.引导行动，实现目标。学习目标的实现，更多的是在学校的评价中看见结果，这是一个学校引导行动的过程。就是学校在制定目标的时候，同时制定目标达成的步骤；根据不同时间段的不同目标任务，制定线路图，让学生在规定的时间里进行反思，修改行动，调整目标进程，最后达成目标。整个过程需要学校专业的分析、判断和调整，体现了学校教育的专业性。

二、形式：家校合作以什么为载体

常态中，家庭和学校是孩子成长的两个场所，我们没有办法随时沟通，这给融合带来了难度。但是相互之间要求和方向的一致，给融合带来了可能。其实，家庭教育和学校教育的融合，从现实来说，就是教师和家长之间的沟通，有时候还要加上孩子。

在这样的背景下，我们采取了多层次的方式，通过微信群沟通、见面沟通、亲子活动等，将老师的教育理念和家长的教育观点合理地结合一起，有效地融合学校教育和家庭教育。这是一个融合的过程，更是一个逐渐递进，理解教育的过程。家庭和学校就在这几个过程中逐渐成长起来，成为孩子发展的后盾。

1. 微信群沟通

这是一个家校联系的虚拟场所，很多时候老师和家长会通过这样的方式，相互沟通，互相了解，分享教育的方法，也解决一些问题。一般说来，我主要通过微信群进行科学正向的教育观念渗透。很多时候，教育的问题不仅仅是一个操作的问题，更重要的是一种观点的认同、情感的认同和意见的统一。所以，我们通过微信群相互融合自己的教育观。

每周，我除了发专题信以外，还会转发一些教育文章来影响家长们。我希望从不同的角度阐述教育，构建一种思考教育的氛围，让家长们不仅仅只是想要"教会"孩子，而是更想要"育好"孩子。那么，无论是班级建设，还是家庭发展，都将进入良性的循环。这是家庭教育和学校教育"融合"的第一阶段。

2. 见面沟通

见面沟通的主要形式有家长访校和班主任家访。一般是因为孩子出现了更多发展可能性，所以家长和班主任需要见面。但是，在我的班级，我们拓展了见面沟通的宽度，让沟通不仅仅停留在班主任和家长之间。我开发了两种形式：

一种是诊断式家长会，它在传统家长访校的基础上，将任课老师直接拉入见面沟通中，让孩子的问题更加明确，使得个性化发展更加有效。在诊断式家长会上，同学们按照班主任的简单分组，根据自己的学习问题，寻找不同学科的老师，听取他们对自己的诊断；班主任主要负责诊断学习习惯等方面的问题。通过这种家长会，学生消除了学习上的困惑；家长学到了很多提高孩子成绩的方法；老师们也因为可以分门别类概括性地讲述问题，极大地提高了效率，三方都达到了目的。

另一种是同伴群家访，它在传统班主任家访的基础上将更多的孩子吸纳到家访的过程中，让同伴教育和家庭教育融合在一起，从而能更加有效地达成教育目的。班主任在家访时，会带着和家访对象的学习成绩、表现水平差不多的孩子前往。我们在家访中解决的是这样的问题：我当下遇到了什么困难？老师和同学的建议是什么？和同学之间有没有可以互相帮忙的地方？在这个过程中，老师发出问题，学生一起解决问题，家长提供帮助，真正将学校、班级和家庭融合在教育过程中了。它是家庭教育和学校教育"融合"的第二阶段。

3. 亲子活动

举办亲子活动，就是让家长和孩子一起参加学校或者班级组织的活动，家长和老师感受彼此在孩子成长中的作用和两种教育的相互影响。其实在教育过程中，班主任、家长和孩子同在一个场合的机会特别少，但是，我会抓住很多机会，让家长参与进来，真正感受到两种教育的融合。我邀请家长参与结业班会，然后给获得学校荣誉、班级荣誉的孩子颁奖，让家长看到班级的发展，让孩子懂得如何让爱自己的人幸福，让家长和孩子理解老师的教育理念。在运动会上，我邀请家长前来帮忙，在下午快要结束时，再邀请家长和孩子一起玩游戏——哪怕是非常简单的丢手绢，家长和孩子都可以享受好半天。我会设计各种各样的活动，让家长带着孩子出行，在生活中融合两种教育理念。这是家庭教育和学校教育"融合"的第三阶段。

三、过程：家校合作是一种交互融合

学校教育和家庭教育的方向是一样的，都是为了促进孩子的成长。如果说，大家都往一条路上走，那么相互扶持，相互帮助，促进孩子成长的路会走得更加轻松。如果大家往两条路上走，那么即使是一个方向，也是孤独的两个人，这对于成长来说没有任何好处。只有家庭教育和学校教育真正融合，教育的效能才会产生。

（一）以"交互过程"达成家校合作的教育

家庭和学校是"交互式"的关系。家庭教育和学校教育是建立在学生成长基础上的两翼齐飞。所以，做好家庭和学校之间的互动和交流，才真正有利于学生的成长。

1. 学校对家庭教育的参与

家庭教育是学生成长最为关键的一环，家庭教育的能力决定了教育效果。常见的家庭教育，80%是要求，要求孩子做什么，要求孩子怎么做，要求孩子成为什么样的人。可是如果靠"要求"就能顺利达成目标的话，何必需要"教育""培养"这样的方式呢？家庭教育应该走向更专业的路径，只有这样，孩子的成长才能更快更健康。

我的学生的父母大多都是第一次当家长，面对孩子成长中的问题，他们是选择按照惯性教育，还是根据孩子成长的需要调整方式，决定了最终的教育效果。一般说来，我会通过不同的方式指导学生家长帮助孩子成长，主要是以每周专题信为主。

每周专题信，就是我每周选择一个与学生成长相关的主题给家长写一封信。这封信大约4000字，包括对专题的阐述、分析和方法的提供，其实就是阐明专题的"是什么、为什么、怎么办"。我用这样的方式给家长提供支持，向学生传授学习方法。

譬如在2017年第三周的专题中，我选择了以"磨刀不误砍柴工——预习在学习中的重要性"作为专题。

我分成三步对学生和家长进行指导：

预习第一步，寻找本课和前后之间的关系。这个过程很简单，就是花两分钟问自己两个问题:1.这一课和前后之间的关系如何？ 2.这一课对这个主题板块来说，分量有多重？

预习第二步，寻找本课的重难点。一般说来，在预习中明确重点，只需问自己三个问题：1.这一课重点在讲什么？ 2.它可以做成表格、公式、图形或者框架图吗（不同学科有不同的处理方式）？ 3.课后的习题中哪几题是关于这个方面的？

预习第三步，做好书本中的例题和练习。就是将课后习题和课本的例题自己做一次，并在不懂的环节做好记号，到上课的时候注意认真听；有必要时，还可以向老师提出自己的想法和不同的见解。

一直以来，我在一个学期中安排各种各样的主题。这些主题主要分成三类：第一类是学生的思想成长，第二类是家校合作，第三类是学习成效。这是从思想上和行动上对家庭教育进行合理的分类。

这样设置的目的，就是将个人的成长、家庭教育和学校教育真正结合起来，让教育成为一个综合作用的过程，而不是相互推脱、彼此逃避的过程。这个过程其实就是教师指导家长和学生一起学习，让每一个家长都能够找到有效的教育方式，帮助自己的孩子成长，从而完成学校教育的家庭化。

2016年9月—2017年1月每周专题信一览表

类别	专题内容	主题	周次
学生成长	孩子，我是不会让你太舒服的	耐挫	1
	有追光，不害怕——班集体对我们的意义	集体	3
	自主管理和自学——假期了，我们怎么办？	自主	4
	有制度，才有自由——班规存在的价值	规则	6
	孩子们，成长真的只是"刻意"面对自己	动力	13
家校合作	给家长的一封信：你为孩子成长做过什么？——谈谈教育的助力和阻力	家教	8
	家长在学习中的作用	方法	10

续表

类别	专题内容	主题	周次
家校合作	学习归根到底还是自己的事——谈学习的独立性兼回答某家长问	专注	12
	教育——最好的管理是示范，最好的教育是身教	氛围	15
学习成效	我们开学的第一重点：听课和作业	规范	2
	我的学习弱点——成长的台阶	策略	5
	时间管理：学会安排时间	时间	7
	手机——学习"利器"还是学习"凶器"？	自主	9
	得到该得到的分数——做题应该有的品质	方法	11
	"坚持"过好每一天——成功最重要的法宝	专注	14

2.家庭对学校教育的参与

家庭在学校教育中的作用到底是什么呢？有一些家长把孩子送到学校的时候，经常对老师说："老师，全靠您了，孩子以后任您管教，我都支持您！"还有的说："老师，他就是听您的，您要多多管教。无论我怎么说，他都不听的。"这不是对学校教育的信任，而是家庭教育的逃避。

缺失家庭教育之后，学校教育的功效大大降低了，我们常说的"5+2=0"就是这样的意思。孩子受了五天的学校教育，回家两天之后，所有的教育效果都没有了。于是，有一种很奇怪的现象：家庭的作用在家里没有实现，在学校也没有实现。那么家庭在孩子的成长中到底起什么作用呢？该如何激发家庭在孩子成长中的作用呢？我开始引导家长把作用发挥在学校，让家长来学校给学生上"家长课"，真正以"实践"参与到学校教育中。

所谓"家长课"，就是由家长按照预定的主题，设计相应的内容，在规定的时间内轮流执教并达成教育目标。课上，家长以现身说法的方式，告诉孩子们自己的人生环境、成长经历和人生感悟，影响了更多的孩子。它不仅仅是家校联系的纽带，更是家校一体化的有形教育。

每周一中午的12点至1点，由一位家长为孩子们讲自己准备的课程。整个过程有五个步骤，包括家长准备、家长授课、学生提问和学生感悟等。我们分四个角度对这五个步骤进行说明，形成了四条线：第一条线是家长课的基本流程，第二条线和第三条线分别是家长课的实践流程、实践方式说明，第四条线是家校社之间的关系。从中可以看出家长课如何将家庭资源、社会资源和学校资源有效融合，对家长、对教育、对教师和对学生起到帮助作用。

家长课的实施步骤

家长课的基本流程	课前设计	因人备课	家长讲课	答学生问	学生思考
家长课的实践流程	学期主题	家长申请	主题授课	有问必答	成长感悟
实践方式说明	依靠家庭社会寻求教育资源	家长因材施教整合家社资源	根据自身特色呈现整合资源	学生追根究底家长妙语连珠	学生因材自教构建创新体系
家校社之间的关系	家庭学校合作促进家长成长	家庭社会合作精心打造教育	家庭学校合作因学生施教育	家庭学校合作促进学生思维	家庭学校合作帮助学生成长

完成家长课的五个步骤，需要定统一主题，定上课时间和流程，定专项提问，定反思结论，从四个方面挖掘家长课的教育价值，让家校合作更有效。

（1）定统一主题。关于家长课上什么，目前有两种形式：一种是主题确定，譬如"我的青春岁月""我的奋斗史""我的梦想"等等；另一种是类别确定，根据家长的专业方向，让家长选择自己的擅长项，譬如"医学常识""厨房故事""安全保障""学习方法"等等。"主题确定"的家长课，是针对孩子的成长过程给予精神激励。"类别确定"的家长课，是为了拓宽孩子的视野，让孩子看见更多的成长可能性。家长课在发挥家长的作用的同时，也引导着家长深入认识教育。

（2）定上课时间和流程。在什么时候上，一节课上多久，怎么安排流程，这是关于课堂的要求。一般说来，挑一个固定的时间，以固定的流程让家长来上课，能形成家长课的常规要求。

（3）定专项提问。这是对家长课教育价值的挖掘。我们通过课前的访谈和准备，针对主题选择合适的问题，包括对家长奋斗历史的探寻、对专业知识的探究等，这样不仅能了解一个家长的成长过程，更能让他的子女懂得父母人生的不易。

（4）定反思结论。当家长课结束之后，学生需要对当天的家长课做反思，并写下感受。每个人可以选择一个角度，结合自身特点思考之后，提出自己的观点。写下的结论，就是对自己成长的总结。

四"定"是家长课的具体操作方式，但它的背后是学校的专业意识，体现了家校合作的效能。

小戴父亲选择的课题是"我的奋斗史"。他是一位朴实的工人，从未上过讲台。他讲述的是自己一直以来为了家庭、为了孩子、为了更好的生活所做的努力，没有特别出彩的地方，也没有花里胡哨的形式。

开始时，他狂冒冷汗，嘴唇颤抖，无法言语，呆立讲台数分钟，尴尬无比。孩子们都静静地看着，没有喧哗，充满理解和期待。可就是如此，他却更加紧张了。他面带苦相地看着我，想走，却不能走，一脸的委屈。我正想出声救场，他儿子小戴站起身来，拿着纸巾上前，柔柔地为父亲擦去满头大汗，那细致专注的神情，让父子完全贴近了。随后，小戴将自己的手放在了父亲宽厚的手掌里，并微笑着对我说："老师，我可以和爸爸一起上这节家长课吗？"我眼眶红了，拼命点头。

那天，父子俩一起分享了关于小戴父亲的故事。父亲讲经历的苦难，儿子谈自己的感受；父亲谈人生的不易，儿子表达自己的理解；父亲谈对家庭的责任，儿子树立自己的目标，一唱一和，配合默契。

在"专项提问"环节，孩子们提出了三个问题。小陈问："叔叔，在您人生的路上，您最大的梦想是什么？"小王问："叔叔，我想知道，您平时是怎么教育小戴的？"最精彩的问题是小戴提的："爸爸，您为了我和妈妈，全力以赴，努力到忘记了自己，您觉得值得吗？"

小戴爸爸这个时候，已经坦然了。他笑着一一回答，特别是在回答小戴的问题时，他说："只要你和你妈好，我觉得就是我最大的值得。我很骄傲有你这样的儿子。"

小戴潸然泪下。

最后的环节是"定反思结论"，孩子们写了很多感想。我特地看了小戴的，他说："课后，我忽然懂得了'父亲'这两个字的意义。我认为我爸爸就是最好的男人，他用自己并不宽厚的肩膀担起了这个家庭，这就是责任吧，未来我也要成为像爸爸这样的男人。"

我在此后的一次家长会上说："有些家长认为自己没有上课经历，不懂上课，因此一直害怕上家长课，但是这一对父子，给我们上了一节最好的课。我敢说他们在未来的日子里，如果有什么争执，只要想起当天的情形，一切就会烟消云散！这就是家长课的意义！"父亲和儿子之间的亲近，给了他们共同"面对困难"的机会，这就是家庭教育的价值吧。

（二）以"融合过程"实现家校思想的统一

家校合作，不是某一方单纯地配合另一方，而是双方在学生的成长中思想逐渐统一的过程。

他叫小鱼。开学初，我就被他吓住了，不是因为他的表现，而是因为他母亲的描述："这孩子是从小被我骂到大的，和他爸一样没什么出息。这孩子就是怎么讲都不听的，我都不知道自己作了什么孽才有这样的孩子。"

等等之类的话，让我已经不知道该怎么去看待这个孩子了。

1. "融合"的开始是了解原生家庭的状态

小鱼目前的状态肯定是许多因素综合作用的结果，那么他的家是什么样的呢？

小鱼的父母关系不好，母亲十分嫌弃父亲，两人吵架从来不避讳小鱼。从幼儿园开始直到现在，小鱼就是看着家庭大战长大的，有的时候，战争的烽火会直接烧到他的身上。所以，小鱼很沉默，是孤僻的那种，不喜欢说话，不想说话，不愿意说话，经常会发呆，我经常能在他的脸上看到一种绝望。

2. "融合"的过程是建立个人的班级成长计划

帮助一个人成长，要为他找好一个环境。对小鱼来说，我暂时不期待家庭能带来作用，但是班级可以成为他安全感和归属感的源点。我开始为他制订成长计划，从"让他说话"开始，培养他的自信心。我相信，在他可以坦然表达自己观点的时候，就是成长开始的时候。我和小鱼约定，他每天上课回答三次老师的提问，每三天和同学交流一次对班级的看法，每一周和我聊一次自己的故事。

成长计划进行得很顺利，几周下来，他的改变很明显，他也感觉自己不同了，一切都让我感受到了教育的作用。

但是好景不长，进步了几周之后，小鱼"回到"原来的状态了。他每天上午进校时状态特别差，情绪也不好，持续到中午才会"缓"过来，下午才会有点进步。只是，从第二天开始，又周而复始。那些以往出现的问题，反复出现，甚至更严重。

我和小鱼聊天，他告诉我，每天回家要面对家长的各种嫌弃和要求，要面对各种各样的责备，要面对很大的压力，自己已经喘不过气来了，真的快崩溃了。他说："老师，要不就算了，反正以前就是这样，现在还是这样，我的努力，妈妈从来没有看到。我真的在努力了，可是我得到的是什么？"

3."融合"的目标是实现家校的思想统一

我找家长谈话。

家长反复就是这么几句话："我是想要他变得更好！他现在再不把其他方面改变了，以后会跟不上的！我这样做，还不是为了他全面的发展？！他已经开始进步了，为什么不能一直坚持呢？！他的一些学习行为和学习习惯，我就是看不下去，不说他，他会更加糟糕！"家长给的是满满的负面情绪。她忘记了原来的小鱼，忘记了小鱼的需要，忘记了一个孩子也是一个人。

有人说，这是家长心急了。但是我不这么认为，我觉得这是家庭教育的能力问题，家长的"自来一套"极大地影响了学校的计划和教育效果。

可以这样分析：首先，埋怨等负面情绪不能作为孩子成长的动力；其次，每一个孩子的成长都是有规律的，不能直接要求孩子达到自己的目标；第三，教育不可以想当然，要立足于问题，要解析问题；第四，教育是一个缓慢发展的过程；第五，恨铁不成钢和望子成龙，这是目标，不是教育行为，要弄清楚目标和行为之间的差别；第六，所有孩子的问题，都是因为过往的经历而形成的，在解决的时候，必须要考虑对过往伤害的弥补，不能想当然地直接要求改变。家校的思想不统一，势必会带来很多问题。

我问了她五个问题："您是否真的想要小鱼好呢？您是否想过要一个人'好'需要合理的方法？您是否考虑过您的方法小鱼愿不愿意接受？您是否想过您全力以赴的爱并不能发挥作用，反而让小鱼变得更糟的后果？您是否想过您所有的努力有一天都被误解的结果？"

她愣住了，陷入了深深的沉思。

良久，她问我："我真的被您扎心了。您能告诉我，我到底该怎么做吗？我能明白您的意思，可是我目前还是不太会，您能找几个让我着手的'点'吗？"

她开始改变了。

虽然，我不知道她会有什么样的具体变化，但是，有了期待，结果会变得越来越好。

四、反思：家校边界在哪里厘清

家校合作从来都不是学校的事情家校一起做，或者家庭的事情家校一起做。家校之间是有边界的，我们要分清哪些事情属于家庭、哪些事情属于学校，不能超越界线，更不能融为一体。这不仅仅是一个分工问题，更是合作中最重要的责任明晰问题。在家校合作中，根据实践厘清边界，是班主任的重要任务。

（一）边界意识是定义家校合作的源点

从学校角度来说，教育的专业外延是老师的责任；从家庭角度来说，教育的成长内涵是家长的责任；从合作角度来说，我们都需要找到孩子的"成长点"。厘清边界，就是家庭和学校在三个方面责任互清，负起自己的责任。

1. 教育的专业外延是教师对于教育的专业认识，主要表现在处理学生的成长问题中，包括：对问题的认识和理解，对问题的分析和判断，方法的设计和具体化，对结论的分析和评价。教师需要结合家庭环境、成长过程、个性特征等方面对问题进行合理分析，接着，设计合理的解决问题的方法，并将方法教给家长，一起引导学生成长。

2. 教育的成长内涵是家长对孩子成长的理解，以及对成长中遇见的可能性、心理变化和过程的记录。家长需要理解成长是孩子人生经历的核心意义，懂得成长中出现问题是正常的现象，它是需要从心理、个性特征等角度去分析的；同时，还需要关注成长问题的发展过程，帮助孩子科学成长。

3. 合作的"成长点"。家校合作的目的是一样的，即促进学生的成长。这个点是和前面两点相结合的，教育的专业外延和成长内涵是边界清晰的两个主体，但是边界的界线，应该是相对模糊的。如此合作，才能找对孩子成长背后的那个人和那股动力。

（二）边界意识下的家庭教育行为

当前，家长们对"家庭教育"的理解，往往只关注"家庭"二字，早把"教育"扔到学校中了。很多家长直接把教育的责任推给学校，认为家庭只是生活的场所，教育就是学校的事情，把孩子送到学校，就是去接受教育的。

因此，厘清家校合作的边界，首要的是让家长明白自己可以做什么，让家庭教育首先在家里发挥作用。

譬如，在孩子的学习成绩提升中，家长需要做好这四件事：

1. 记录

要想让孩子们做点什么，就要明白孩子们当前是什么样的。不知道当下，就无法知道问题何在，就无法判断问题形成的原因。

所以，家长应该做好记录。记录的内容如下：

（1）孩子的学习表现

把孩子每天晚上放学后的学习过程分成若干个 30 分钟，然后每分钟或者每两分钟记录一次学习表现。孩子的学习表现中藏着问题的潜在影响因素，将表现记录下来才可以确定问题，分析原因，解决问题。比如，一个孩子不断地走神，我们由此可以判断出他白天在课堂上的状态也是游离的，这是影响学习成绩提升的重要因素。

（2）孩子的生活表现

除了学习以外，孩子每天在家到底做了些什么？孩子是否在某个时间段有特殊的表现，这些表现的主要行为是什么？对于这些表现，家长不用做刻意的记录，但是需要有常态的记录。只有看到行为事件背后的信息，学校才能给予家长更多支持。

（3）孩子的特殊行为

这段时间，孩子有什么特殊的行为吗，特别是那些和过去不同的、比较出人意料的行为？这些都是一些新问题出现的预警。家长只有认真关注孩子的表现，才能感受到他们的改变。

2. 分析

记录现象是为了分析和认识问题。问题外显为现象，我们需要通过对现象的分析直达问题的内涵。家长通过这样的分析，能够相对科学地认识自己的孩子。当然，有的家长可能认为自己不够专业，认识程度不够深，无法有效分析孩子的问题，那也没关系，可以向老师提供记录的内容，让老师来帮助分析。

（1）正常现象

很多问题是成长中的阶段性问题，会随着阶段的不同而出现，同样也会因为阶段的不同弱化甚至消失。面对这些问题，家长不必惊慌，有的时候甚至可以直接忽视。所以，家长需要分析孩子成长中的身心特征，判断他们的行为是否符合身心发展规律，这样就不会因为孩子出现问题而惊慌失措，判断出错，这才是科学面对问题的方式。如果从学习角度来说，智力品质的成长基本上是正常现象。

（2）非正常现象

成长中也会出现一些不合理、不正常的问题，这些问题往往都和非智力因素（包括情感品质等）有关。其实是因为孩子在成长中遇到困难和障碍，而自己又无法解决，问题就出现了。这些问题对当下会有影响，有时还会扩大，甚至影响到孩子的发展，这就是非正常现象了。这是迫切需要解决的。

3. 判断

我们可以从因素、问题和源点三个角度进行判断。

（1）判断因素

影响一个问题的因素有很多种，但是决定一个问题的因素就只有简单的几个点。一般说来，影响一个孩子的问题的因素，有学校、同伴、家长和自我的青春期身心特征几个方面，我们需要判断出主要的影响因素是哪个，然后为下一步的问题判断奠定基础。

（2）判断问题

影响因素其实就是问题形成的原因。我们在判断因素的时候，其实就是在明晰学生的问题。当然，一种因素可能会导致多样化的问题出现，家长在判断的时候，要就事论事，结合孩子的身心特征，寻找合理的问题走向，并为孩子的问题确定好解决的方向。

（3）判断源点

任何问题的解决都有一个过程，所以，我们面对问题的时候，需要寻找到其中的源点。源点是一个问题的按钮，更是一个问题的开始，一旦找到它，也就意味着问题的解决有了眉目。这个源点其实就是学生想要成长的渴求点，就是学生发展的"我想要"的开始。

4.实践

观察、记录和分析其实都是为了实践而做的准备。实践主要分成：氛围营造、时间管理、动力加持和计划监督。

（1）氛围营造

就是为孩子营造一种学习的氛围。我建议家长陪在边上一起学习，这样会让孩子感到浓厚的家庭学习氛围，同时，家长的学习状态会成为孩子效仿的对象。有时，甚至可以进行在规定的时间内完成任务的比赛，给学习添加一点趣味性，相信会有良好的效果。

（2）时间管理

在规定的时间里，如何又快又好地完成更多的任务，这是一个孩子学习成绩提升的核心。所以，家长要帮助孩子做好时间管理，并在一定的时候，发现问题，解决问题。这样一来，孩子的专注程度和专注时间都会有大幅度的提高。到时候，听课效率提高了，做作业效率提高了，成绩不好都不可能了。

（3）动力加持

每隔一段时间，孩子的动力就会减缓，这是常态。任何人都不可能长时间保持一种强烈的前进欲望。所以，孩子们在遇到问题的时候，最需要的就是动力的加持，而不是指责、比较和叹气。让孩子看到家长的期待，看到家长的信心，那才是真正的动力加持。

（4）计划监督

老师可以帮助孩子们制订个性化的学习计划，那么对于家长来说，最难的事情并不是制订计划，而是实施计划。在实施的过程中，我们需要的不仅仅是努力，更是坚持。所以，家长应该经常关注孩子的计划实施情况。关注的时候，只能就事论事，而不能上升到所谓的思想、品质等方面，那样只会让孩子们逆反。

第九章

表格管理：让"可操作"极限落地

在班级管理中，很多班主任制定了目标，但是最后都无法落实。这让班主任误以为目标是没有用的，甚至认为，不要看目标，要看行动。这话虽然也没错，但实际上这是因为对目标不了解。目标的实现要满足两个条件：一是目标足够具体，二是有实施方法。无论是"具体"还是"方法"，其实都有一个共性——可操作。也就是说，班级管理的效果源于具体操作，无论选择什么管理方式，第一标准都是操作的可能性。

班级管理中的"操作"，就是将具体内容分门别类，根据不同类别的任务，制定评价标准，达成管理效果。其实，它们最合理的名称叫作——表格。表格管理是将班级管理的"可操作"极限落地的方式。

以表格的形式进行班级管理需要厘清四个问题：第一，在什么情况下用表格？第二，如何设计表格？第三，如何分析表格记录的内容？第四，针对不同管理内容怎么用表格？

一、在什么情况下用表格

表格管理是班级管理中最常见的方式之一，它在班级资源的整合和处理、班级任务的分配上，以清晰的思路、合理的操作被很多班主任喜欢。但是，并不是所有的班级管理任务，都适合用表格处理。只有选择适合的领域，才能发挥表格的作用，优化管理效果。

（一）人多、事多需要合理安排的时候

班级的事情要交给全班的人去做时，是需要用表格的。班级的卫生打扫、班级的环境管理、班级的资源实践等，它们包含的内容很多，牵涉的人也很多，所以，要通过表格有序安排，将所有的事情按照不同的标准分类，每个人根据自己的特长申请，老师根据对学生的了解布置，双向安排任务。

表格有三个维度：每个人根据自己的特点应该做什么事情？在做这个事情的过程中要遵循什么标准？证实结果的标志是什么？三个维度对安排的合理性和实践效果都做了规定，提升了班级管理的效度。在这种情况下需要使用的表格有：班级卫生安排表、班级环境管理分配表、个人目标效果表等。

（二）每个人都想得到锻炼机会的时候

卫生打扫、环境管理、个人资源实践等，这些是班级管理中的显性任务。班级管理中同样也有隐性的任务，就是那些促进学生成长的机会，譬如班干部的安排、活动中重点任务的分配等。表格的维度包括：有哪些机会？重点是什么？参与的人把握住了吗？在此，我们要了解机会的具体内容、每一项内容的重点以及最后的实践效果。

锻炼机会本身是隐性的，但是实践过程又是显性并需要学生主动的。在这个过程中，最大的问题是学生会因为缺少主动性，获得了机会却又不能很好地

把握机会。所以，表格中的三个维度，就是基于个人锻炼的目的，以任务驱动激发学生的主动性，以评价为动力推动学生的进步。

（三）一个人面对多件事情的时候

表格管理不仅仅局限在班级管理中，还适用于个人生活。个人生活中的表格管理是个人工作思维的具体表现。一个人面对多件事情，并需要对这些事情进行时间安排、顺序安排和重点确认时，就可以通过表格进行管理，譬如时间规划表、重点规划表等。效率的实现需要速度和质量，在绝对速度下，这是通过提高做事的质量来提高效率。

（四）需要重构工作思维的时候

班级发展到一定阶段，或者班干部培养到一定层次的时候，需要站在更高的层面面对更多的事情。它已经不能单纯地依靠时间投入和精力分配来解决问题了，思维成为最后决定结果的关键。思维过程包括选择、判断和确定重点。让人知道什么是该做的、什么是不该做的、什么是决定性的，帮助对比不同的事情并看到其中的核心意义，这就是表格的深层作用。

二、如何设计表格

表格管理的前提是设计表格。一张符合要求、主题明确的表格，对于班级管理来说，就是好助手，所以，要先弄懂表格设计的要求，合理结合目标与任务，才能设计出可操作的表格。表格的设计是一个流程：从界定任务、类别、重点和逻辑开始，然后根据主题做出表格，最后就是实践了。

（一）界定任务

界定任务分成两步：根据主题选择任务，判断并确定任务。

根据主题选择任务，就是明白班级管理或者个人成长的主题是什么，懂得这一次运用表格到底是为什么；基于这样的目的，当前的任务哪些是符合主题的，哪些是可做可不做的。这是对主题的深入认识，更是对主题内涵的理解，也是主题"落地"的过程。

选择任务之后，需要对任务进行判断。它依据的标准是对主题内涵的认识，即主题包括什么，哪些任务有助于主题的实现。

"选择—判断"，其实就是依据主题界定任务的范围并合理整合的过程。

（二）界定类别

确定任务内容之后，关注点就到了任务本身。任务分成几类，主要是哪几类，每一类之间是什么关系，这样界定类别是对于任务的宏观解读，同时也是将任务简单化的过程。

界定任务类别的依据主要有三种：内涵相同、空间一致和形式一样。

内涵相同，就是某几项任务是同一方向的，影响同一种品质。对于管理来说，使用同一种思维解决内涵相同的任务，能够最大限度地提高效率。

空间一致，就是某几项任务在教室里存在于同一个空间。这样分类既方便操作，也能提高效率。

形式一样，就是任务的实践形式或者说表现形式大致相同。区分形式之后，任务会更精简，班级管理也会变得更加轻松。

（三）界定重点

并不是所有的任务都是需要完成的，也并不是所有的任务都是重点，在主题之下，不同的任务有不同的重要性。所以，根据学生的身心特征、班级建设的重点、成长的阶段主题，需要对任务进行合理辨析，确定重点任务。

重点任务的确定有三个标准：是当前成长最需要的事情，是对班级来说影响最大的事情，是能决定其他任务的事情。确定了重点之后，就可以在班级管理表格的时间、精力、人数上都给予照顾，这样设计出来的表格才是重点突出的。

（四）界定逻辑

表格管理分成"表面"管理和"内涵"管理。将任务罗列出来，并按照不同的标准分类，确定重点，然后在表格上排好顺序，这是"表面"管理。但是，任务并不是平行的，它们之间是有联系的，有的任务和另一任务可以合并，有的任务的完成决定了另一任务的开启。通过表格将它们合并、取消或者并列，这就是"内涵"管理。两种管理方式，体现了任务之间的逻辑。

界定任务的逻辑，其实就是界定任务的关系，它能够激发表格管理的潜能。以时间管理成长表为例：

今天任务分类	学习类	1.×××；2.×××；3.××× ……			
	生活类	1.×××；2.×××；3.××× ……			
步骤	安排	今日分类			
第一步	任务分项（学科）				
第二步	操作时间（分钟）				
第三步	完成状况（好/不好）				
第四步	弥补时间（分钟）				
第五步	原因分类（主观/客观）				
观察认识					

主题确定：这是为了合理规划初中生的学习生活任务，节约时间，提高效率而制定的表格。它可以一个人实施，也可以一群人一起实施。

1. 界定任务。将一天的任务分成学习任务和生活任务两类。然后，将所有的任务分成若干个项目，以30分钟为单位时间预估每个项目的内容。

2. 界定类别。将任务按照完成形式分成三类：一是内容，即按照不同学科进行"任务分项"；二是时间规划，要综合看"操作时间"和"弥补时间"；三是评价和反思，即对当天任务的"完成状况"（好/不好）和"原因分类"（主观/客观）进行界定。

3. 界定重点。表格中的重点就是做好时间规划，在规定的时间内完成规定的任务。反思内容包括：为什么会完成，效率体现在哪里？为什么不能完成，原因在哪里？最合理的方式是什么？从这三个角度改进行为，能促进效率的提高。

4.界定逻辑。在表格中，决定速度的就是时间，要通过管控时间完成规定的任务，并通过评价和反思调整时间规划。于是，规划好时间之后，其他问题就迎刃而解了。

三、如何分析表格记录的内容

一般说来，表格的效果体现在对实施过程的规划、对实施内容的分析、后续的改进和改善上。特别是对实施内容的分析，能够帮助我们看到存在的问题，找到解决问题的方法。所以，如何分析表格是管理的关键。我们从表面现象、内容差别、纵向成长和背后信息四个方面分析表格的信息。

以某同学第一阶段的时间管理表为例：

今天任务分类	学习类	1.做语文试卷；2.默写古诗，看名著；3、4.做数学试卷；5.复习英语M7；6.做科学试卷（选做第25、28、30题），复习社会试卷错题。					
	生活类	1.班干部会议；2.班级通知；3.宣传栏倒计时；4.找"焦"谈话。					
步骤	安排	今日分类					
第一步	任务分项（学科）	6科学和社会	3、4数学		5英语	1语文	2语文
第二步	操作时间（分钟）	30	30	30	30	30	30
第三步	完成状况（好/不好）	好	不好		好	不好	不好
第四步	弥补时间（分钟）	-2	+10		0	+10	+9
第五步	原因分类（主观/客观）	客观	主观		主观	主观	主观
观察认识	把生活类的任务放在白天完成，导致白天作业完成得不多；晚上的速度还是不够快。							

（一）直观看表面现象

从表格中，我们可以看到：1. 作业完成的速度不够快，主要是主观原因造成的；2. 每天的学习任务比较重；3. 对于理科的重视明显超过文科；4. 没有根据学科合理分配学习时间；5. 语文学科的待遇有点差。

由此，可以看出问题：1. 思维的敏捷度不够；2. 对学科有不同的态度；3. 主动性够，但是需要合理安排各学科的学习。这些就是下一步的学习重点。

在此，分析表格的"点"有：类别——主要从哪几个方面去看；项目——学科之间的差别在哪里；内容——这些数据反映了学习中的哪些问题。以上三个方面是我们透过表格看到的直观信息。

（二）对比看内容差别

今天任务分类	学习类	1. 做语文资料第14课，写作文/随笔（500字），看《西游记》第六回；2. 订正数学试卷，复习作业本错题；3. 英语抄默单词，背诵打卡；4. 复习科学作业本错题，做社会资料。					
	生活类	1. 班级总结；2 找"单"谈话；3 卫生督查；4 午休纪律。					
步骤	安排	今日分类					
第一步	任务分项（学科）	2 数学	4 科学和社会	3 英语	1 语文		
第二步	操作时间（分钟）	30	30	30	30	30	30
第三步	完成状况（好/不好）	好	好	好	不好		
第四步	弥补时间（分钟）	-15	-5	-10	+21		
第五步	原因分类（主观/客观）	客观	主观	主观	主观+客观		
观察认识	生活类的事情在白天完成，晚上的作业一直在做，还是觉得速度提高不多。							

这是这位同学第二阶段（一个月后）的时间管理表，可以看出：1. 做作业的速度有明显提高，特别是理科；2. 语文还是被排在最后，但是作业量很大；3. 有些作业可以在特定的时间做，譬如朗读和背诵应该在白天或者清晨完成，这样就可以加快速度了。

分析表格内容后，我们确认了：1.学习状态在进步，速度也有所提升；2.对学科的要求不同，但是应该想办法对语文学科做好规划；3.学习要有重点，学习时间也要分段计划。

分析的"点"有三个：学科之间对比，看见学习的问题；学科自我对比，在不同阶段对学科的要求有差异；主客观对比，看见学习问题的原因在哪里。三个方面反映了一个学生的真实学习状态。

（三）纵向看个人成长

结合两个表格，可以从纵向看见一个人的成长。1.在数学、科学和英语学科上有进步。2.因为语文学科作业量高居不下，所以还是不太清楚其学习问题是什么。3.一段时间以来，主动性在提升，能够看到主观的作用；同时，也存在问题：（1）并没有养成规划学科作业的习惯，否则就会利用白天的碎片时间完成部分作业了；（2）对于语文学科的认识要加强，否则可能会影响学习状态及效果。

纵向看表格的时候，我们看到的是：长期不能解决的问题、有变化的内容、隐藏的问题。这些问题容易被忽视，却对学习效果起着决定作用。

（四）横向看背后信息

影响一个孩子成长的因素有很多，但是总有一个决定性的因素，它一般隐藏在其他因素背后。分析问题的时候，找到这一因素，就能有效地促进孩子成长。

我们看到每天晚上的作业安排比较合理，速度也在提高，可是学习效果仍然一般，那么问题何在呢？其中就隐藏了以下问题：1.白天的时间安排不合理；2.不是所有的作业都必须要在晚上完成；3.没有整合好作业之间的关系。

它们反映了一个新问题——规划，包括对各科作业占比和先后顺序的规划、对作业内容的规划、对作业用时的规划等。如果每天学习前都能合理规划任务，学习效率就会大幅度提高。因此每天看到作业，就应该想到如何规划、如何安排，这样才能解决问题。

这就是横向看表格的内容，包含：探寻问题背后的原因，思考更好的做法。

这两个方面将问题和人联系在一起,是真正能解决问题的。

四、针对不同管理内容怎么用表格

(一)学习计划表格:让孩子主动"拿捏"学习

小鹏戴着深度近视眼镜,看人有点躲闪,妈妈看到他这不自信的样子,一脸的无奈。坐下的时候,小鹏妈妈反复地说着一句话:"老师,我真的没有办法了,我真不知道还要怎样了!他是不是真的不适合读书呀,为什么成绩总是不能进步,为什么每次考试成绩都是中等呢?"我能感受到她深深的怨气,能看到她的无助,我理解一个母亲的期待。

我微笑着听她絮叨。

"我每天确实都看到他在努力,在不停地写、不停地看书,学习到很晚,可是我不知道为什么总是没有效果。

"还有,我总是觉得他的学习方法有问题。他总是在做题,算起来做了很多题,可是怎么一到考试就蔫菜了呢?

"每天晚上都是学数学,我也劝他要兼顾学科,可是他拿出语文、英语书之后,就在那里看,看久了甚至会发呆,只有做题的时候会好一点。时间长了,我也没有什么办法,就随他了。

"考不好对他来说真的是挺大的打击,看到他发呆地看着自己的试卷,我真的挺心疼的。可是,一会儿,他又不知道自己该做什么了。有一天,他哭着对我说:'我真的想做好,可是一片茫然。'

"我一朋友的孩子,都不用家长管,每天学习的状态优哉游哉的,可是学习成绩总是名列前茅。人家父母的命怎么就那么好?"

说着，小鹏妈妈避开小鹏悄悄地对我说："您说，他是不是智商有点不够，就是属于读不出来的那种？"

我看着小鹏呆滞的目光，有点心疼。我知道，这是一个孩子长期努力之后却没有获得成功的表现。他会习惯于失败，习惯于自己的表现，也习惯于逃避问题。但是，对这样的孩子来说，他只要能够赢得成功，就能建立自信，就会和以前不同。

1. 从看见问题到分析问题

从孩子的表现分析隐藏在现象背后的原因，然后寻找解决问题的方法，这是教育分析的专业思路。从小鹏的表现可以看出他：

（1）长期经历失败。小鹏长期被失败打击，没有机会建立自己的自信。他在学习过程中产生的问题，就是长期在失败中形成的无所适从造成的。这样的孩子，在学习中就只能疲于应付，无法建立自己的思维，学习行为就比较混乱。

（2）学习节奏混乱。小鹏一直在做数学，只是在强调练习，他的学习节奏是不合理的，按照这样的节奏学习容易出现漏洞。

（3）重视行动轻规划。小鹏在学习过程中缺乏对知识体系的认识和对自我的分析，因此他做再多的练习也不能找到学习的方向。从他对文科的学习态度中可以看出，他的学习策略是有问题的。

（4）看结果不看过程。小鹏妈妈对小鹏的学习评价只定位在效果上，没有看到学习过程中需要建立的品质和解决的问题，因此给小鹏的成长带来的一直都是挫败感。失去成就感，影响了学习动力；失去合理的方法，影响了学习效果：在这样的背景下，小鹏的状态就每况愈下了。

在小鹏的成长过程中我们看到了四个问题，前三个是学习状态的问题，第四个是评价的问题。从孩子的角度来说，前三个问题影响了他的学习结果。小鹏需要做好两个方面：（1）调整自己的学习节奏，知道什么时候做什么，并且把精力平均或有所侧重地放在某些学科上；（2）规划自己的学习行为，知道如何根据自己的特点对一门学科进行时间安排、任务安排。

因此，可以以"学习计划表格"作为工具，帮助小鹏"整理"自己的学习，提高学习效率。

2. 从分析问题到解决问题

我对小鹏说："我有办法帮你改变现状，你有多少信心？"

他并没有如我所想的，眼前一亮，马上就兴冲冲地参与，而是带着怀疑的眼神看了我一眼。

我笑着说："只是换种学习方式而已，没有要你做什么大事。你还是那样学习，只不过我会调整你的某些方式，到时候会有人告诉你那样做效果更好。对你来说，与其长时间停留在目前没有进步的状态，还不如改变一下，万一有用呢？"

小鹏听完，想了想，抬起头看了我一会儿，又低下头思考了好一会儿，到最后，终于点点头。

我长舒了一口气，他总算是接纳了。

一个孩子的成长，源自内心的需要，只有唤醒他主动参与的意识，才有成功的可能。我开始安排他的"学习计划表格"整理过程。

使用"学习计划表格"不仅仅是制定一个计划表格整理学习，更是通过自我判定、制定表格、实践计划和调整反思四个步骤发挥表格的作用。

（1）自我判定，整理与判断学习水平

整理的第一个环节是"自我判定"——判定自我的状态，判定学习的内容，判定学习的时间，从而为制订计划奠定基础。

①判定自我的状态

制订计划的基础，是判定自我的状态，包括判定自我的学习水平、优势学科和不足学科、学习弱点等。

自我的学习水平，是指个人的学习能力，除了包括现有的成绩在学校和班级的排名外，还包括记忆力、注意力和接受知识的速度，它们决定了练习选择的难度和数量；自我的优势学科，是指学习的科目中成绩相对突出的几门，一般我们会从文理的角度进行区分，它们决定了我们投入精力的多少和时间安排的先后；自我的学习弱点，主要是指学习速度和专注力方面的弱点，它们是对学习效果影响最大的两个因素，决定了计划中的单段学习时长。

②判定学习的内容

判定学习的内容，包括整体与部分、识记与练习、能力与强度三个维度。

判定整体和部分，就是对学习内容进行"分割"，譬如将一项学习内容（整体）分成十天，每天学习十分之一的内容（部分）；判定识记与练习，就是对学习形式进行安排，包括对知识点的认识、知识体系的构建和练习训练；判定能力与强度，就是根据不同的学习能力安排不同的学习强度。

③判定学习的时间

判定学习的时间，包括什么时候学、分成几段学、何时学完三个维度。

什么时候学，就是看在晨读、午修、自学课和晚自习哪个时间段学习；分成几段学，就是看将较长的时间譬如晚自习的三个小时分成几个阶段，一段为多长，中间休息多久，等等；何时学完，就是看在什么时候完成学习任务，这不仅仅是时间上的限制，更是效率上的要求。

（2）制定表格，分配与安排学习内容

对应第一个环节对自我的判定，我们在制定表格时，需要从三个角度做规划：规划精力，规划任务，规划时间。

①规划精力：在制订计划前，根据自己学习的弱点、学科的难度、学习速度、当前重点等因素，合理分配学习精力。

②规划任务：将学习内容按照整体与部分、识记与练习、能力与强度等维度，分配到每一天。它规定了每一天每个学科的学习内容，它的"量"就是计划的核心。

③规划时间：将一天内的学习内容合理安排在不同时间段。这是建立在任务、精力基础上的安排，也是行动的计划。

在制定表格的时候，分成四步：首先，制作"学习日期"栏，填写计划的时间段（×月×日）；其次，制作"时间安排"栏，将学习时间按照早上、中午、下午和晚上分成晨读安排、午修学科、自学时间和晚自习时间分段四项；再次，制作"学科整理"栏，将按照学科分配好的学习内容填写进去；最后，做时间安排，将每天的学习内容填入时间安排中，确定在什么时候做什么事。至此，学习计划表格完成。

小鹏的学习计划表

学习日期	时间安排							学科整理			
^	晨读安排	午修学科	自学时间	晚自习时间分段				语文	数学	英语	科学	社会
^	^	^	^	1	2	3	4	^	^	^	^

（3）实践计划，参与和记录计划过程

要想计划发挥作用，关键还得靠实践。实践并不是简单地完成任务，它包括行动、记录、评价。

行动，就是根据计划的安排完成学习任务。

记录，就是记录计划实施过程中影响学习的因素，包括：完成任务的时间、过程中浪费的时间、任务安排的合理性、自己的学习感悟。这些都是反思的重要素材，也是调整计划的关键点。

评价，就是对一天的计划实施过程进行评价，包括过程性评价和终结性评价。过程性评价就是对计划实施过程中存在的问题做的记录和评价；终结性评价，在操作中体现为将每天完成的任务栏涂色。于是，每天都能发现问题，并且能够看到完成的量。一段时间过后，学生通过每天记录的问题，看到自己最需要补足的方面；通过每天涂色，看到自己坚持的效果，并在获得成就感的基础上开始反思和调整。

（4）调整反思，寻找和判定实施重点

计划是建立在个人学习特点的基础上的，它的个性化就预示着需要不停地调整计划以适应制订的人。

在计划实施中，最大的问题就是"完成度"，它关系到内容、速度、效率等。因此反思一般从三个方面入手：每天能做完吗？为什么做不完？速度快吗？

反思之后，调整主要集中在三个方面：根据练习时间，调整练习的量；根据对知识点的掌握情况，调整知识点的记忆方式；根据状态好坏，调整不同时间段安排的内容。

3. 制订学习计划表格的关键点

抓住关键点可以从以下几个方面入手：

（1）规划精力是计划的核心

学习不能面面俱到，而要有目的地找到它的关键点，然后朝着这个方向努力去做。对于做学习计划来说，规划精力就是清楚地知道在计划实施中，将最主要的精力投在哪里才是真正有效的。

需从两个角度认识精力的规划：一是做什么，二是做多久。"做什么"聚焦于学科内容、学习形式和学习载体，即应将更多的精力投放在哪个学科，是侧重练习还是侧重记忆，主要练习哪个方面……"做多久"则聚焦于什么时候做，做多少时间，在哪个时间段做效果最好。

（2）协作安排是计划的前提

计划是学生对学习的规则，但是制订计划需要多方面的参与。在制订计划的过程中，家长、老师和学生的协作参与非常关键。家长、老师和学生的作用要分成三个阶段：第一阶段，根据学生特点，家校参与制订合理的学习计划；第二阶段，学生阅读并认同计划，这是实践的前提；第三阶段，家长陪伴、教师评价和学生实施融为一体。在整个过程中，几个方面要协作，各司其职，才能发挥它的作用。

记得小张是计划做得最好的一个，经常和我沟通计划的却是她的母亲。其实就是家长的参与，推动了她的实施，老师的评价就可以在这件事情上锦上添花了。

（3）正面评价是计划实施的动力

评价是对计划实施的认定，它对计划的行进有情感上的推动作用。在评价的时候，要注意三个结合：过程和结果结合，优点和缺点结合，具体和抽象结合。

过程和结果结合，以过程为主。评价的时候要重视过程，重视实施过程中学生的态度和方法，不能局限在计划有没有做好的结果上。优点和缺点结合，以优点为主。在评价过程中，要更多地看到学生的优点，特别是在他坚持不下去的时候，要用肯定来引导方向。具体和抽象结合，以具体为主。要针对行为进行具体评价，这不仅仅是落在实处，更是有的放矢。

在实施计划的过程中，家长一味埋怨和恨铁不成钢是没有用的，相反，寻找解决问题的办法的家长，总是能够帮助孩子渡过一次次懈怠的难关。

（4）坚持是计划成功的关键

坚持是计划实施成功的关键，计划的合理性、计划的最优化，到最后都需要以"坚持"作为辅助品质体现出来。

坚持，主要是坚持实施，坚持方法。坚持实施，就是说一旦制订计划之后，就不能停止实施。坚持方法，就是说有一些方法在学习中可能运用得并不顺利，但是它十分有效，因此要坚持使用下去。

（二）班级管理表格：让班干部充满领导力

班级建设需要大量的表格，它们可以帮助班干部看见班级管理中的问题。譬如，面对早晨进校和晨读的情况，我们知道可以用表格来管理，可是用什么样的表格呢？何种表格才能最有效而直接地反映、解决问题？寻找一种解决问题的方法的前提是看见问题，定位问题，分析原因，给出行动建议。

1. 看见问题

早读课表现：

7点18分，有20人没有进入状态；

7点22分，有人进来，众人风吹草动；

7点22分，没有人做"七件事"，整体懒洋洋的；

7点24分，小孙偷偷改数学错题，小王补英语作业；

7点25分，开始交作业，小夏在发呆；

7点26分，交作业，第一组响声较大；

7点28分，小董进入教室，作业已经交好；

7点30分，小吴迟到进入教室，15秒内没有任何行为；

7点31分，小胡迟到进入教室，7点33分时还在取书。

2. 定位问题

（1）部分学生的习惯养成不到位，强调的"某时某地做某事"并没有深入人心。

（2）小组长在管理措施、管理能力上存在问题，同时并没有认识到这种现象是一个小组的问题。

（3）有些同学的不良习惯并没有被重视，他个人认为这样的问题是很正常的，或者说他根本没有意识到这是个问题。

（4）学生没有学会合理利用时间，特别是碎片时间。

3. 分析原因

（1）习惯的养成问题。可能原因：不明确班级习惯要求，觉得自己已经完成任务了；对于习惯有错觉，并不明白习惯对成长的影响。

（2）组长的管理问题。可能原因：组长不知道怎么管理，组长的管理意识不够强，组长的管理能力欠缺等。

（3）学生自我意识的问题。不良习惯的形成是因为长时间受到不良影响，成长环境、前期教育、家庭环境，都会影响学生的表现。

（4）合理利用碎片时间的问题。利用碎片时间的关键在于选择任务，关注完成速度。

4.给出行动建议

（1）用明确的操作方式和流程指导学生操作，培养他们的习惯。

（2）以具体的操作步骤，引导管理行为，建立管理规范，提升管理能力。

（3）只有具备价值感的人，才会努力关爱自己。要寻找机会，搭建平台，成就学生。

（4）以具体的操作方式帮助学生集中注意力，加快行为速度。

由此，制定出班级晨读管理表：

班级晨读管理表

内容	是否迟到		作业状态			晨读表现			亮点	
	交作业前	交作业后	补做	未交	抄袭	走神	讲话	破坏	管理自己	管理他人
组别										
原因										
管理成功处										
今日总结										

表格操作说明：

（1）以过程性评价看见问题。表格中列明了晨读这一时间段的所有管理任务，包括是否迟到、作业状态、晨读表现、亮点，能够帮助班干部通过对晨读全过程的观察，了解每一个人、每一组的具体表现，并有整体的具体认识。

（2）以具体归类看见原因。表格对所有的管理内容做了具体分类，譬如晨读表现中包含走神、讲话、破坏，这就能帮助班干部看到不同类别的表现背后的行为动机，也给班干部解决问题提供了基本条件。班干部以此作为管理措施，对他的宏观能力培养是一大助力。

（3）以正向任务驱动行为。表格中有两大正向任务：一是看同学表现的亮点，二是看管理成功之处。任务一的目的是学会发现班级中的美好，懂得看见优点；任务二的目的是争取主动的管理，主动帮助同学。二者的正向思维方式，将会培养出班干部的价值感。

（4）以寻找亮点推进主动。管理不仅仅是看到问题，更是用优秀的表现影响每一个人。这个过程是在引导学生走向积极的一面，更是在教会学生思考"我要成为什么样的人"，逐渐改变"我不要做什么样的人"这样的反向思维方式。经过长期培养之后，学生的心理将会变得更加积极阳光，班风也会更加正面。

（5）以每日总结提升领导力。针对每天的具体表现和原因分析，班干部还需要做今日总结，从不同角度对当日的表现进行概述，并在班级中公布。这是对一个人分析、解决问题以及重构问题的能力的培养。

五、基于表格构建思维的班级三维管理

常见的管理表格主要包括三个维度——时间、主体（责任人）和内容，其实就是在什么时候，什么人，做什么事情，它们是我们完成任务的主要影响因素。在班级管理中，完成某个任务需要考虑的是：要求在什么时候完成？需要交给谁来完成？它的完成标准是什么？这是对大多数班级管理任务的解读。这三个问题就是对表格三个维度的解读。所以，班级管理的任务实践要求和表格要求是基本一致的，我们完全可以基于表格构建的思维进行班级管理。

表格的操作不难，难的是在操作的时候理解表格的构建思维。表格的构建思维就是：表格包含了什么流程？融合了哪些因素？蕴含了哪些教育品质？它

能给班级和人的发展带来什么？等等。我们将从三个维度思考表格的构建思维，呈现它在班级管理中的指导意义。

（一）从时间特质上，体现过程性

表格的第一维度是时间，说明了在进行班级管理时需要明确事情安排的过程。一般说来，从三个方面界定时间：第一，在什么时候做事；第二，做多久的事情；第三，做那么久之后看到了什么。

譬如用表格管理班级卫生，一个班级小组卫生评价表要关注三点：哪些事情在什么时候完成，一个管理表格可以用几天，通过表格可以看出班级卫生是什么状态。

班级小组卫生评价表

组别：

教室区域	责任人	周一			周二			周三			周四			周五			总评
		晨间	午间	放学	晨间	午间	放学	晨间	午间	放学	晨间	午间	放学	晨间	午间	放学	
教室地面																	
教室空中																	
教室外																	
细节关注																	

我们从表格中可以看到：

第一，我们在晨间、午间和放学三个时间段完成任务。第二，每周每组运用一个表格，这是每个小组对自我一周卫生工作的评价。第三，从周一到周五的表现，可以看出一个小组在一周内的卫生表现，这不仅仅是一个小组的态度，更是管理的成效。最后，将每个小组的管理表格进行合并，这体现了班级管理中相互之间的合作。

（二）从责任人的特质上，体现主体性

表格的第二个维度是人，说明了在进行班级管理时要将事情安排落实到人，要促进人的成长。表格就是为了看人的表现、看人成长的过程而设计的，所以，

在表格的各种"类"中，我们需要考虑的就是这个人的表现。一般分成四个步骤：做什么、怎么做、做成什么样、如何调整及完善。前三步是直接表现在表格上的，最后一步是根据表格内容概括和反思出来的。

譬如在班级小组卫生评价表中，首先，通过教室区域和责任人的对应，我们看到了什么人完成什么任务，即"做什么"。这是把责任落实并细化到人身上。其次，通过每一天的评价，通过小组表格之间的横向比较，我们看到了参与的人的态度和任务完成结果，即"怎么做"和"做成什么样"。这其实就是每个人对于自己任务的责任意识的具体体现。最后，从整张表格中，我们还会看到三点：一个人在一段时间内的表现，他的同伴的表现，一个人在反思之后的调整。这个过程就是一个孩子在不同角度的反思、调整、完善和具体化。

从表面上看，表格上增加责任人是分配任务的要求，但是我们从中不仅可以看到一个人的工作态度和工作结果，还能看到他的成长，这就是表格体现了班级管理的主体性。

（三）从内容特质上，体现系统性

表格的第三个维度是内容，就是班级管理的任务。它在表格中这样分类：第一，主题规定我们要做什么？第二，主题包含了哪些方面的内容？第三，内容实践的顺序是什么？第四，它的负责人是谁？第五，在班级管理中，最大的问题是哪个方面？

譬如，在班级小组卫生评价表中，班级卫生是主题；它包括教室里的地面卫生和空中卫生，还包括教室外的相关区域卫生；这些卫生打扫是有顺序安排的；每一块区域都有专门的负责人；综合一段时间的卫生状况，可以看出最大的问题在哪里、主要的原因是什么。

班级管理的内容和责任人、时间结合起来，加上对内容的分析，它呈现了一个人成长的系统性，这就是表格体现了班级管理的系统性。

第十章

集体影响：同伴接纳与同伴教育

拒绝上学，不想听课，上课走神，作业不交，小H在入学的第一个月闹出的"幺蛾子"，很多孩子可能读十年书都不会出现。一旦指出他的问题，他就会找出很多很多的理由，然后告诉大家，就是因为感觉自己会做不好，所以很自卑，就不想来学校影响大家。他的以退为进的方法经常很起效，任课老师和班干部经常会因为他这样的理由，就一时"心软"放过他，不再纠结于他的问题。但是，他并没有因为暂时"过关"而反思自己，还是不能真正面对问题，改正错误，而是继续逃避问题。他持续表现出这样的问题，对其他同学原有的小毛病还有"唤醒"的作用，时间长了，班级的氛围散漫，同学的关系恶化。

于是，我调整了小H的座位，为他找了一个优秀的同桌，并且和大家商量了关于学生的职责，制定了班级公约，并签上了承诺书。渐渐地，在同学们的影响下，他从愿意上学开始，逐步接受课堂，学会学习，完成任务，直至科学单元微卷考试多次上90分。这一路走来，与其说是老师的教育不如说是这个班级整体影响了他。

一个集体对孩子的影响是整体对个体的影响，在内容上，包括对个人行为、个人思想和个人成长方式的影响；在具体影响方式上，包括言语、活动、课程等；在对象上，包括某个孩子、整个班级，乃至一个学校等。所以，集体影响是班级管理的有效措施，它是让一些人帮助另一些人，用一种行为影响另一种行为，进而成就一个班级。一般说来，这样的过程分成四个步骤：集体约定，从个性到共性；集体行为，从群体到个体；集体影响，从思想到行为；集体判定，共同意识生成。

一、集体约定：从个性到共性

推动一个人行为的动机是分层次的：小时候，我们会因为父母的欢心和老师的欣赏努力做事；到了初中，同伴的接纳成为我们的行为动机，我们会为了能够"合"同学的"群"而调整自己的行为；到了后来，我们开始思考自己的生活意义和生存的价值。

在初中阶段，学生的行为动机更多来自同伴的态度，班级和群体对于他的认同感，是他行动的主要动机之一。因此，初中班主任在班级建设中要运用好"集体影响"这一招，发挥同伴的作用，不仅仅从一个人入手，而是从一个群体入手，让个人随着群体的改变而改变，让个性在群体的共性中建立规则。

（一）集体教育的源点是约定

通常，在集体教育中，第一步是通过"集体约定"建立集体规范，用"规则"规范个人，并使集体的教育影响到个人。主要有两种形式："班级约定"的建立，"小群体规则"的建立。"班级约定"是全体学生一起为了班级发展制定的整体规范，这时班级是学生被动认同的群体。"小群体规则"是部分学生根据非正式群体的特点共同制定的行为规定，小群体是学生主动认同的群体。在班级建设的不同阶段，两个群体发挥各自的作用。

譬如，在开学初小 H 因为各种事情不想来学校，我就通过"班级约定"悄悄地转移了他的视线，让他感受到集体的力量，遵守班级的规范。

小 H 要解决的第一个问题是"到校"，只有他在学校了，所有的问题才能有解决的机会。所以，第一步就是建立他应该来学校的"约定"。学校已有这个约定，但是对于一个孩子来说，学校的约定比班级的约定"远"多了，他们更容易接纳身边的同伴和班级的约定。

我先和小 H 做了心理建设："在我们班里，大家都有一个目的，就是让我们的班级变得更好。你和我们一样吗？"

"当然呀！"小 H 仰着头说，"我也是这个班里的人，我应该遵守约定，不过如果特别难，我可能做不到呢！"这样的说话方式，很符合他平时的风格——逃避，善于推卸责任。

"要求好像挺多的。"我故意装作很难的样子，"譬如，每天来学校，上课要记笔记，学习要进步，要帮助他人，要打扫卫生，要提出自己的想法，要……"

他看着我，默默地低下头，不说话了。我明白，他已经处于放弃的边缘了。

"不过，"我话锋一转。他仿佛感觉到"翻盘"的可能，猛地抬头。"如果是你，看在你平时的表现（其实平时基本没有好的表现，但是他自我感觉已经很努力了）的份上，我准备让你先做好第一条就可以了——每天准时到校，不迟到不早退，不找任何理由！"

他眼睛一亮："这个我可以！"

"你真的可以？"

"当然可以！"

听着他斩钉截铁的话语，我拿出了大家事先制定的"班级生活约定"："来，签个字吧！"

他第一个拿起笔，在上面写下了自己的大名。

先抑后扬，呈现班级的共性约定，并以共性包容小H的个性，小H就会开始尽力遵守集体约定了。对于敏感的孩子来说，集体教育比个别教育更易于接受，所以小H欣然签了名字并开始规范自我。

（二）集体约定是一群人影响一个人或一些人

集体约定是一群人影响一个或一些人，它是通过营造班级氛围，实施班风影响。在此，学生的思想、行为都会因为遵守集体约定而得到改变。

站墙是我们班的一种体形训练方式，就是在午休前十分钟，让孩子们拿着书站在墙边阅读。因为需要"脚后跟、小腿、臀部、肩膀和后脑勺"五点靠墙，这种训练对人的体力考验较大，但是，它对于午饭后的消化和午休前的安心是有很大作用的，甚至可以帮助孩子们塑身定型。只是因为见效需要一个过程，孩子们有点怕吃苦，所以就不太愿意做了。

孩子们不愿意"站墙"，近来反对的声音还有点大。

有的班干部建议：要不我们就专门设立一种制度，以此管理每天中午的"站墙"。有的班干部建议：要不我们就盯着，如果有谁做不到，我们就告诉您，然后您来处理。有的班干部建议：要不我们就放弃吧，反正大家都不想做。

看着"观点"分成了几派，我说："难道，我们做每一件事情，都需要那么痛苦吗？难道我们不可以做得开心点吗？"他们听了，没人发言，但是好几个人都翻着白眼。那个意思我明白："要是你有办法，还需要我们这样讨论吗？"

我微微一笑，表示自己读懂了他们的意思，也不解释，就挥挥手，示意会议结束了。看着他们一脸茫然地离开，我心里想：很快，你们就会见到我的"绝招"了。

……

"开个会吧！"我走入教室，孩子们马上就安静了。

"不过，这个会议我们分段召开，第一阶段是女生参与，第二阶段是男生参与。"我刚刚宣布完，感觉受到重视的女生就叽叽喳喳地"轰"男生出门了。看着男生们一脸疑惑和无奈的样子，我在偷笑。

"老师，今天到底要和我们说什么，弄得这么神秘？"一位女生冲着我说。

我迟疑着，但还是说了："我们来这里的目的是什么？"我指了指教室。

"学习！""读书！""成长！"答案有很多，但是意思都差不多。

"我觉得，即使你学习不好，也不一定会影响到未来，但是有件事处理不好，肯定会影响到未来！"

"什么事呀？"女生们一头雾水，不知道我会讲什么。

"那就是——变美！"

"啊？！哈哈哈哈哈哈哈……"我的话让她们大吃一惊。

"老师，您这是什么价值观呀？！"

"老师，您怎么这样说呀？！"

我不理会她们各样的眼神，自顾自地说下去："我们承认内在美的重要，它决定了一个人的高度，但是谁也不能忽视外在。现在，不是有一句流行的话叫什么协会吗？"

"外貌协会！"孩子们替我回答了，然后又是一阵哄笑。

"不过，说真的，父母已经帮我们确定了外貌的样子，我们也没有办法进行特别大的'改动'。但是，外在中有一点我们是可以塑造的。"

"哪个方面？"

"就是一个人的身材啊！"我说，"一个女生有匀称、健美的身材，不仅能给外貌加分，还可以体现出她阳光、健康的生活状态。"我的这个观点，女生们是赞同的。

见情况不错，我就继续说下去："其实，我发现了几个影响身材的日常行为。"这一下，所有的女生都看向了我。

"其中最重要的就是中饭后的行为。我发现同学们刚刚吃完饭，一般都选择了马上坐下来看书，或者是靠着聊天、休息，也就是说，从饭后一直到午休，大家几乎都是一动不动的。"

大家不住地点头。我接着说："这种状态让我很担忧。"看着她们疑惑的眼神，我装作很遗憾地拍了拍自己不小的啤酒肚，"我，其实就是这样一点一点改变自己的。"我的"自黑"让孩子们笑了起来，但是不一会儿，她们都不笑了，她们可能都想到了自己。

"其实，也不是没有办法！那就是……"我神秘地拿出一份"关于五点立式靠墙站对于燃烧热量和锻炼身体的作用"的说明书，里面讲了五点立式靠墙站在脊椎的调整、体态的改变、热量的燃烧、小腹的减肥等方面的功效。女生们看完之后，班级陷入了一阵窃窃私语的讨论中。过了一会儿，女生们七嘴八舌地说："老师，我们决定了，一定要坚持'站墙'！"

"你们？真的是你们都持一样的态度吗？"

"嗯！"所有女生一致点头。小冰调皮地喊了一句："为了更美的我们！"

"好！坚持吧，少女！"

抓住女生的价值感——爱美，解决问题就简单多了。接下来，是男生的事了。如果说对女生用的是诱惑法，那么对男生该用什么方法呢？

微笑着送出女生，待男生坐下的时候，我明白他们已经知道今天的主题了，也从他们的眼神中看到了拒绝。

"知道我们要谈什么吗？"

"嗯，我们都知道了。"

"那还要谈吗？"

他们一愣，但还是没有反应过来："那……那……还是要说一下的吧。"

"我刚和女生们谈了'站墙'的问题。"我一说完，男生们就接上了："结果如何？"

看着他们急切的样子，我偏偏避而不谈："别管女生了，我觉得我们男生就不用站墙了！"

"什么？！"所有的男生大吃一惊，不敢相信地看着我："您说的是真的？！"

"当然是真的！"我很肯定地说。

这时，我看到他们的脸色十分精彩，一个个仿佛一口气被我堵住没有呼出来。他们肯定都设计好了如何和我说、如何来拒绝我，却没有想到，我让他们准备好的话语毫无作用。

"所以，我宣布……"我决定再宣布一次，"我们男生不用'站墙'，我们可以休息。"

"好耶！"男生们一阵欢呼，丝毫没有注意在一旁笑得意味深长的我。

我拿出一张早已准备好的 A4 纸，在上面写下："亲爱的女生们，因为我们男生能力不够，毅力不足，定力欠缺，努力不来，所以我们决定放弃'站墙'，我们全体男生向你们认输！"

看着我一个字一个字地写下来，边上围观的男生们不服地大喊："怎么可以？怎么可能？这样怎么行？我们怎么可以认输？不就是'站墙'吗，我们还怕她们？"

"不要争论了，签名吧！"我"催促"了一下。

"不签！""不签！！""我们不会签的！！！"

"你们确定都不签？！"

"确定！"

"可是，这样……你们，就要坚持'站墙'，而且要站得比女生还好！"

"怕什么，我们肯定会做到的，我们肯定可以站得很好！"

"那……"我还在迟疑。

"就这么定了！"他们一阵大喊。

"哦，好吧。"我心里一阵得意。

（三）集体约定的核心是自我约定

集体约定是大家一起形成的认同，它的核心是自我约定，是从他律到自律，再到自觉的过程。

青石班课前有一个"有话好好说"的节目，就是主持人挑选嘉宾，让他对社会、班级、自我等各种事情说说自己的看法。今天的嘉宾是东，他选择的主题是"自我的学习状况"。

东讲述的是自己的表现，他说因为遇到了好同桌，开学几天以来自己的表现变好了。结果原来的同桌和主持人都不高兴了。

有人说："原来的同桌表现也很好，成绩也不错，为什么你就是不进步呢？"有人说："成长是自己的事，为什么要靠同桌呢？"

东一下蒙了，支支吾吾不知道该说什么。最后，还是主持人帮他解了围，让他得以"顺利"地回到座位。

我一直微笑着看他们之间的"交锋"。说实在的，东今天的表现着实不太高级，为什么他会一直寻找借口，为什么他还是对自己认识不足呢？

"给大家讲个故事吧……"我想起了自己专业成长中的一件小事，"大家都知道我一直在坚持做一件事情。"话音刚落，孩子们就说了："每天写一篇文章。"

"嗯，对的！我坚持了十多年，很多人都惊叹于我的行为。但是，在坚持的过程中，我可是经历了许多挫折的。有的时候，我真的写不下去了，就坐在那里抓耳挠腮，甚至痛苦不堪，办公室的老师们都看不下去了。这时，有一位老师建议：是不是不用这么执着，这么坚持太痛苦了，应该想到什么就写什么，什么时候想写再写，什么时候有东西写再写。乍一听，他说得很有道理，但我后来想明白了，这种说法其实就是为自己找借口。如果我每天都不想写，那我都能为自己找到借口，是不是就不用写了呢？我否定了这种说法。坚持让我得出了一个结论，那就是我作为成长中的人，作为有目标的人，不能给自己找借口。试想，新征程还没有开始，你就要为自己准备好失败的理由，那还有什么必要开始呢？"

说完，我安静了一会儿，让孩子们消化我的观点。

在整个过程中，我没有针对东的行为去评价什么，估计他也不喜欢我的评价——在众人面前，很多男生还是很好面子的。教育本身是一种影响，是一种约定，它并不需要我们每次都针尖对麦芒地"硬刚"，有的时候选择旁敲侧击，有的时候使用环境影响的方法，都能达到教育目的。

二、集体行为：从群体到个体

同伴教育是一种集体行为，主要集中发生在学生之间的交往、学生之间的活动、学校引导的活动三个方面中。我们要建立学生之间的交往关系，让学生之间相互影响，行为相互感染；同时，通过学生活动，建立群体文化以影响群体中的每一个人；还有，借助学校以及班级的活动，在活动中引导学生形成共识，从群体的认同走向个人行为规范的建立。

（一）集体行为的方向是我要成为什么样的人

行为的建立源于个人具有什么样的认识。对于小 H 来说，他的行为建立，需要他认同这个班级，认同班级建设的目的，以及在此基础上形成自己的成长目的——我要成为一个什么样的人。

我设计了一个活动——牛顿环。大家围成一圈，后仰，并将头靠在后面人的腿上，同时也将腿作为前面人的"枕头"，共同用腰的力量支撑这个"环"。这是一个需要大家共同参与的活动，每个人的努力和坚持，决定了这个"环"可以保存多久。

当有人筋疲力尽的时候，"牛顿环"终于保不住了，大家都倒在草坪上。

我问道："我们有那么多人参与，到底谁才是决定这个环的关键人物？小 H，你来说说看！"

"应该是他吧！"他指着一个很强壮的同学说，但是马上就反应过来，"好像也不对，应该是所有的人吧！所有的人都努力的话，就能保证牛顿环一直持续下去。"

"当然，如果所有的人都能撑得住，那么我们这个环就可以一直持续下去。但是，现实是我们真的可以一直撑下去吗？每个人的力量不同，每个人的能力不同，每个人……"

"老师，我知道了！"小 H 突然大喊一声，"我，应该是我！就是说我这样的力气不大、能力也不够强的人能撑多久，这个环就能撑多久！"他自言自语道，"想不到，我在班级里，还有这么大的作用！"

"是呀，你当然有很大的作用。在班级里，有很多像你这样觉得自己作用不大的人，可他们对于班级的作用是决定性的，只有他们好，才能成就整个班级的好。"

小 H 可能从来没有想过，这个活动的关键点最终会落到自己的身上，更没有想到，自己在集体中竟然有这么大的作用，这颠覆了他以往的所有认知。

看着他沉默的样子，我想，这次活动应该已经"唤醒"他了。

集体行为需要经历这样的过程：集体活动—群体行为—个体行为，从活动开始，形成群体行为，然后在群体行为中借助问题引导，影响个性化的行为。这是集体教育最常见的方式，也最能影响一个人。

（二）集体行为的过程是我要怎样成为这样的人

集体行为实质上是班级里每一个学生的行为，这是建立在班级发展目标基础上的行为规范，主要表现为：做什么、怎么做、做成什么样。

学校举行跑操比赛，各个班级练习得如火如荼。

孩子们一直在练，但是效果并不明显。虽然他们态度很认真，集体荣誉感也很强，但是我似乎看不到孩子们有远超于其他班的表现。如果训练时水平不够，想要在比赛中有好的发挥，几乎是不可能的。他们的眼神告诉我，他们也无能为力。很多人认为，这是因为孩子们不够投入，他们在训练过程中的状态不好。其实，这不是态度问题，现在影响他们表现的，是方法问题。

关于跑操有四点要求：第一，从整齐度上看，要求全班有合一的步伐；第二，从脚步来看，对步子的大小和高度都有要求；第三，从摆臂来看，需要有统一的高度和宽度；第四，其他要求，比如服装统一、精神焕发、口号响亮等等。

第一个要求，我们可以借助跑操的音乐来达到。在跑操中，音乐是有节奏的，每一个节奏中还有相应的重音，所以，当大家都将左脚踏在重音的点上的时候，就能跑出整齐的步伐了。第二个要求是步幅和高度的问题，只要让大家统一把脚抬离地面十厘米，这个问题就解决了。第四个要求只需要事先统一即可，相对来说，它并不难。

最难的是第三个要求。孩子的摆臂习惯各有不同，摆臂动作又相对随意，这比脚步更难统一。但是，如果可以摆到一个高度，摆出一种角度，那就解决问题了。有什么方法呢?

那天,我神秘地对孩子们说:"今天,我们要用上秘密武器了,相信我,我们的跑操肯定会大有起色!"

"啊,什么秘密武器啊?"

"真的吗?!"

"秘密武器?不会是骗人的吧!"

孩子们的讨论声此起彼伏。我只是神秘地笑着,然后从口袋里拿出一卷红色的胶带纸。

"啊?这个就是秘密武器啊?!这个可以帮助我们达到什么目的啊?!"一片失望的声音。

我撕下胶带纸,每条大概三四十厘米长,正好是一个肩膀的宽度。在他们疑惑的眼神中,我把胶带纸从左到右贴在每一个孩子的后肩。

"接下来的要求,就是每一次摆臂的时候,眼睛盯着前面同学的肩膀,手的高度都应该到达这条胶带纸的高度,手的位置就是胶带纸的两'头'。明白我的意思了吗?"我手脚并用地指挥着。

"噢!"孩子们听明白了。

"可是,这样有用吗?"孩子们马上又质疑了。

我不置可否,反正他们做了就知道了。

孩子们一边跑步,我一边录像。结果让他们大吃一惊,他们看到了整齐划一,看到了完全不同的表现。

"哇!竟然真的有用啊!"一声声惊叹,"想不到,真的想不到!"

我挥挥手,让孩子们安静下来:"它告诉我们,决定最后效果的,往往是小细节。现在我们看看自己的摆臂,反思我们的进步。骄傲之余,我们可以得出结论——努力,只有加上方法和关注细节,才会有与众不同?!"

孩子们不断地点头。

（三）集体行为的延伸是一起成就彼此

集体行为是师生一起参与成长的统一行为，它可以体现班风，表现班级的与众不同，由此可以看见班级精神。

256 对青石班来说，不仅仅是一个数字，更是一种骄傲，它将在很长的一段时间里激励青石班的孩子们。到底 256 代表着什么样的骄傲，存在哪些意义呢？事情要从学校的同心鼓比赛说起。

同心鼓是我们学校集体荣誉感建设的活动之一。一个鼓，鼓面上垫着一个排球，边上有许多绳子，当孩子们一起拉动绳子，鼓在孩子们的手里不停地上下颤动的时候，排球会被垫起来，我们就以垫球的次数最多的班级为胜。一般每班可以有 16—20 个人参与。

飞扬班拿过第一，当时我们垫了 49 个，虽然不够多，但是也遥遥领先了。

在青石班的这次活动中，我们进行了认真的准备。在比赛前一天，我们破天荒地垫到了 161 个；在比赛前的两个小时，我们竟然垫到了 170 个。但是我们心里还是没有底，因为并不是每次都能垫 100 个以上，有时候我们就垫 30 多个，甚至还有没过 10 个的时候。不过，我们大多数时候可以垫 60—70 个，根据经验推断，青石班已经可以获得第一了。

学校是鼓励班主任参与比赛的。我和孩子们说："放心，我会和大家一起战斗的！"孩子们对我的参与很期待，凡是 100 个以上的成绩，都是我在场的时候取得的。孩子们从开始的听取指导意见，到后来的迫切需要我参与，态度上完全接受了我。

我们是第二轮上场的。

雨是指挥者，他负责放球。

"青石班，准备好了吗？"他每次开始前都会大喊一声。

我们大叫："准备好了！"

接着他开始测量鼓面的水平，并在得到众人认可之后，开始将球轻轻"落"在鼓面。

"1、2、3、4……"他在外围数数。

还是比较顺利的，我们很快就超过了30个。但是，距离我们最好的成绩170个，还差得远。

这时，球忽然有点偏了，向边上蹦去。

"小心，西边！"这时，西边的孩子轻轻地提了一下鼓面，调整了一下，我们马上就回到了稳定的状态。场下有老师大喊："天哪，他们班竟然是会调整的，太厉害了！我们都是跟着球跑的！"

我怕孩子们分心："别激动，冷静！"

"不要慌！"

"我来！"

"我在这里！"

"加油！"

"再稳定一点！"

整个操场上响着我的声音。另外一个一起比赛的班级，已经将三次机会用完了。

"100！"雨的报数已经超过了三位数，我们旁边围了一批师生。这个数字已经是历年比赛的最好成绩了，可比赛还没有结束，谁也不知道我们的极限是多少。

我提醒孩子们："集中注意力！不要乱想！看着球和鼓的中心！"

"171！"已经是我们的纪录了。

"200以后再数！"

……

"200！"

"201！202！203！"我们全班一起在数，观众也在数，整个操场都沸腾了，大家都忘记了这是比赛，全部在为我们加油！

"251！252！253！254！"

"小心！小心！"

"我打不动了！"

"我也打不动了！"

高度集中的注意力和紧绷着的双手，完全耗尽了我们的体力。

"255！256！啊啊啊……"大喊声中，球磕在了鼓的边缘，我们再也救不起来了。

但是，没有人沮丧。我们放下鼓后，全场响起了掌声，这是祝福，更是羡慕和佩服。

回到教室后，我问孩子们："告诉我，现在心里是什么感受？"

"太令人想不到了！"

"太兴奋了！"

"虽然，我们练习得不是最多的，但是我们的效果是最好的！"

我在黑板上写下一个大大的"赢"字，然后问道："我们付出的并不是最多的，但是成绩是最让自己骄傲的！为什么？"

有很多孩子举手。

"不，不要说！"我将手指放在嘴巴上，制止了他们，"把它写下来，那样的反思会更深刻！"

孩子们写得很认真。

三、集体影响：从思想到行为

一个人的行为源自他的思想认识，也就是说，有什么样的表现是因为成长中具备了什么样的思想。而一般说来，集体思想是个人思想的社会根源。

初中学生的行为取决于他们对于集体思想的认同，所以集体影响将会决定初中生成为什么样的人。一个班级的样子，就是一个班级里的学生的样子。

通常，集体影响的方式主要有班级团队活动影响、小群体活动影响、班级文化影响等。班级团队活动影响，是指平时班级建设的活动，即为了解决班级建设中的问题或者体现主题的教育活动，以活动过程实现的对人的影响。小群体活动影响，是学生参与的小群体活动形成的文化对学生个人的影响，这是相同类型的人的相互认同。班级文化的影响，是指学生在班级中，因为班级的文化，被班级的思想影响，形成自己的思想以及行为。这些方式的影响过程都是从思想到行为。这也告诉我们，影响一个人，从思想开始，以行为改变为标志。

小 H 需要从思想到行为的改变，所以，我们需要先从思想开始，建立他的思想认识，然后再修正他的行为。

在主题班会"梦想"上，我提出了一系列的问题："你要成为一个什么样的人？初中毕业之前，三年里，你要完成什么样的目标？给你十年，你大学毕业了，要成为一个什么样的人？"

三个连环问题，定位了成长的目标，同时也以过程的形式培养个人思想。当思想稳定的时候，所有的行为都是在这样的思想指引下践行的。

"你要在什么时候达成这样的目的？你准备分几步走？第一步你要做什么？目前看来，你还缺什么？你准备怎么去努力弥补自己缺失的条件？"这又是一系列的问题。如果说前一系列问题是从"思想"入手，那么这一系列问题就是从"行动"上，呈现集体的影响。

集体影响是一个过程，它从传递集体思想开始，接着建立个人的思想，并影响到个人的行为。它告诉了我们个人存在于集体中的必要性，以及在教育中集体对个人的作用和重要性。

（一）集体影响是用一个人的优秀影响另一个人

集体的作用是一种影响力，是同伴教育的最优化表现。当一个集体中的优秀学生懂得去影响另外一个学生的时候，集体正在走向美好。

站在教室里，我们一起看着讲台前的两个位置。我等着她表态。教室里很安静，我能够很清楚地听见她较为沉重的呼吸声。我知道她在思考，也在做决定。

为了改变麻亚明的状态，让她更加清楚自己的未来以及当下自己该做什么，我特地请来了2006年毕业的阳光班的小新——她现在是一个设计师，请她过来，就是让她给麻亚明讲自己一路奋斗的历史。

小新走后，留下了两张空椅子，我和麻亚明都在看着。麻亚明还在思考中，我开始给她讲故事了。

"1996年4月，我还有两个月就大学毕业了，我们当时全部都是师范生，都是要当老师的。毕业前夕，学校让我们听了一次讲座。主讲人是一位优秀的教师，当时领导介绍说，这是他最得意的学生，现在已经是很厉害的名师了。我满脸羡慕地看着他们师徒俩，那个时候，我脑子里就有一个问题：我毕业之后，要用多少年才可以走上这个讲台呢？"

麻亚明很好奇地看着我，我知道她很想知道答案。

"整整17年！在2013年，我接到了一位领导的邀请，终于第一次走到了母校的讲台上。我记得当时对着台下众多的大学生们说的第一句话就是：'从你们的位置，走到这个讲台，我用了整整17年。但是我很骄傲，因为，我完成了多年前的一个梦想。'"

"那么，小新呢？"我继续讲，"小新是2006年7月从阳光班毕业的，到现在不过9年的时间，她已经走上了这个讲台。那么，麻亚明，你呢？你需要用多少时间，才能让方老师邀请你？"我的话中透露出两个意思：第一，我要知道她努力的态度和时间；第二，我会邀请她在不久的未来闪亮登场。

我从她的眼神中发现了兴奋和快乐，那就让这成为她前进的动力吧。方法加情感，是一个人成长的加速器。希望麻亚明，会因为情感上的推动和方向上的明确，坚持用原来的方法，让我在这里等到她!

(二)集体影响的价值是引导人的自我反思

集体影响的效果是人的成长，是在集体影响的过程中，挖掘集体教育的价值，引导人的自我反思，推动个人发展，成就集体成长。

我做了一个关于"欣赏和赞美"的小游戏。每一个同学都拿到了四张纸条，他们要随机选择四个同学，不点名写出他们的优点，大家根据文字描述，猜猜这是哪一位同学。这样一方面可以让同学们看到自己的优点，另一方面可以让同学们的关系更加和谐。我为这个游戏取名叫"优点大轰炸"。

公布的时候，大家都很激动。写别人优点的人很激动，因为他被赞赏为"有一双慧眼"；被别人写出优点的人更加激动，因为他的优点很"显眼"。

让我感到意外的是，东竟然在这次活动中拿到了九张纸条。也就是说，在这样不点名、随意写的过程中，有九个孩子看到了他的优点。想起他平时的表现，我忍不住好奇大家写的内容。

我看了他拿到的九张优点纸，其中有六张是说他很讲义气的，还有三张说他体育很好。他的体育确实不错，在去年的运动会上，他一个人拿了三个冠军。说他讲义气，我倒是没有听过，但从大家的评价来看，应该是真的。

我忽然问大家："什么是讲义气？"

孩子们说："就是对朋友好!"

"什么是对朋友好？"

"就是答应朋友的事就会做到!"

"就是要为朋友两肋插刀!"

"哦,我明白了!"我转身问东,"那你觉得什么是讲义气?"

"我,我觉得是对朋友说得出就做得到!无论遇到什么样的困难,都要克服!"

"明白了!"我用肯定的眼神看了看他,接着说,"做你的朋友真好,他们真的会因为有你这样的朋友而感到骄傲!"

东在众人羡慕的眼神中,十分开心。

"但是!"我加重了语气。他也意外地看了我一眼。

"我算不算是你的朋友?!"我很直接地问。

他迟疑了一下,不知道该说什么。但是我还是重复地问:"我算不算是你的朋友?!"

"老师,您在我心里是一个比朋友要重要得多的人!"他很肯定地回答我。

"那么,这样的人,算不算是朋友?!"

他知道我想说什么,但是没有办法,只好很艰难地回答我:"嗯,是的!是朋友!"

"可是,"我迟疑地看着他。他低下了头,知道我要说什么。

我接着说:"可是我这个朋友,似乎没有得到你说的义气啊!"

"我……"他有点说不出口。

"我这个你的朋友啊,你对我总是说到了却没有做到啊。一直以来都是这样的,我只能看到你说,却看不到你做。说真的,这样做你的朋友,我还是有点累的。"我用调侃的语气表达自己的不满。

这时一个孩子接上一句话:"我看,这不是为朋友两肋插刀,而是有时候插兄弟两刀!"这让他更加尴尬了。

"唉!"我长长地叹了一口气,没有说话了。

他迟疑了一下，忽然像做了什么大决定一样，猛地抬头对我说："老师，您放心，我一定会讲义气的！一定！"

我没有怀疑，满意地点点头："希望你能成为一个让我骄傲的朋友！"

四、集体判定：共同意识生成

麦独孤在《社会心理学导论》中说，人类具有"结群本能"——一种寻找伙伴并与他人结群的先天倾向。在群体理论中，奥尔波特提出"事象结构论"，认为"人类的群体都是个体通过一系列的社会活动，相互发生关系而形成的"。可以看出，人类生活的核心意义在于寻找群体和相互融合。集体对于学生的意义莫过于此。我们在集体生活中，生成共同意识，并能以此判定自我的生活。共同意识其实就是群体的认知，它不仅影响个人的思想和行为，还能在个人的基础上构建群体的新意识。

（一）共同意识是一个人成长的标志

在班级管理中，共同意识往往表现为：主题活动中对某个人、某件事的认同，生活中对某种观点的认同，生活中对某个人、某件事的认同。其实三者的情况大同小异，基本上都是在生活中形成共同的认识，只是有不同的起点，有的是在主题活动中形成，有的是基于生活自然形成。其中最多的应该是在主题活动中逐渐形成的共同意识，它经历了对问题的思考、判定和认同。

小H在成长，集体对他的帮助就是他的成长过程。经历过集体的"约定—行动—影响"之后，他建立了自己的行为，跟着班级逐渐成长为一个更好的自己。但是，一个人的成长不只是个人的改变，更重要的是将自己的成长纳入集体的发展中，将自己的观点拓展为集体的共同意识。这其实就是个人的观点需要得到集体的认同，同时个人的观点也要融入集体的共同意识。

我选择了用"漂流瓶"活动，帮助小 H 建立共同意识，同时也能让他看见集体的判定和自我的认同。漂流瓶是我们特有的集体意识形成工具，它就是一张纸，正面空白，反面是班级的各种标志。当我们想要引导集体意识的时候，就在白纸上面写一个问题，然后开始在教室里"漂流"。无论是谁，发现了"漂流瓶"，都要遵守规则，完成漂流任务。漂流的过程其实就是共同意识的建立过程，也是个人认同集体的过程。

我做了一个"漂流瓶"："我们看见了小 H 的努力，看到了他的成长。我想，人生最好的样子，就是他努力的时候。那么，如果小 H 一直坚持努力，你预见最好的他应是什么样子的呢？"

各种答案纷至沓来：一个努力、有集体荣誉感的小 H，一定是我们班的力量源点；一个真正认识到班级重要性的小 H，将会是我们取得进步最好的朋友；最好的小 H 必将是努力上课、认真作业、经常可以考出高分的同学；小 H 的努力其实就是我们班的象征，希望他可以用行动证明我们班级的好。以上几个具有代表性的评价，都是基于班级和个人的关系说的，这时个人和班级的方向是一致的，个人也体现了集体的共同意识。

我们也可以预见，小 H 在看到这些话之后，他会有什么样的认识。在这样的过程中，大家的共同意识已然和小 H 的个人意识融为一体，小 H 后来进步的表现也证明了这点。

（二）共同意识的形成是一个陪伴的过程

一个孩子的成长，终究和陪在身边的老师、家长有分不开的关系。正如赞科夫说的，无论孩子如何经历，教育者需要知道往哪个方向引领，这种方向的引领才是一个人成长的体现。

承予和我之间的故事，开始于六年前。他是一个在上小学三年级时就由人"预约"要来到我班里的孩子。"魔王"，这个标签是他还没有来到我班里就"传到我这里的。我很担忧，因为我不知道他会怎么"折磨"我。

教育是师生之间共同经历的生命历程。我知道我不会是一个"降妖伏魔"的道士，却愿意成为"护魔成神"的导师。也许，陪着他一路地经历，陪着他看遍风华，陪着他经历感受，他会除却"魔性"，成就"神迹"。

1. 陪伴是在原有的基础上提升要求

班里需要购买一些文具作为礼品，承予个子不小，就成了"搬运工"。在和承予一起走向文具市场的路上，我问他："这段时间感觉如何？"

"还行吧，特别是这次期中考试，考得让我自己有点吃惊。"他不露声色地"表扬"了自己的进步。他的期中考试成绩，从原来的全校中游，突飞猛进到学校35名。

我知道他现在急切地需要我的肯定来建立自己的信心。其实，每一个孩子都是这样，成长是建立在被认可的基础上的。

我笑着问："说说看，你吃惊在什么地方？"

他回答的思路还是很清晰的："说真的，原本我觉得自己会有进步，但是没有想到会进步得这么快、这么大。我没有想到自己会有今天。以前，很多人都给我下了结论，觉得我就是一个坏学生，无可救药，我几乎都要放弃自己了，现在我对自己的未来很期待。"他一口气说了很多，话语中有一丝对过往的无奈，但是更多的是感激和兴奋。我重重地拍了拍他的肩膀，然后搭着他一起往前走，他似乎很享受这样的感觉，一路还在说着。

"既然这样，你的腾飞就从这里开始吧，考个前五看看如何？！"我突然对着还在"喋喋不休"的承予说了一句。

这一下，差点没把他吓住，他停下脚步，盯着我看。

"老师，前五？班里？"他带着点侥幸问道。

"班里？你还有没有点自信呀？"我调侃道，"你这次就已经进入班级前五了，还要在这里徘徊？我要的是段里的前五！段里的，明白吗？！"

我停下脚步，看着他。

"老师，老师，您真的觉得我可以吗？"他激动地看着我说。他不在乎自己是否可以，在乎的是我是否真的觉得他可以。

"你觉得我像是在开玩笑吗？！"

"好！您等着！"他这下干脆了，我分明看到了他眼神里的坚定。

2.陪伴是让一个人看见自己的希望

承予在成长中遇到的问题是以往的坏习惯造成的。单单是他对于细节的认识，就让人觉得很不可思议。他甚至放言："小细节有什么关系啊，我是做大事的，做大事者不拘小节，我还需要担心什么呢？"

我并没有找他做什么深入的谈话，而是找了个机会，送给他一个苹果。

我说："这段时间，我们来玩一个游戏，让这个苹果经历你的生活。无论你遇到了什么样的问题，都将它反映在这个苹果之上，好吗？"

他对于游戏很感兴趣，很快就答应了我的建议。

我需要他将自己所有不注意的细节都"反映"到这个苹果之上。那些不注意的小错误，那些存在的小问题，那些总是会出现的小把戏，都会以被刀片割伤造成"伤痕"的形式，展现在苹果上。

每一天，总有或多或少的"伤痕"出现在苹果之上。每一次，我都给他一个新的部位，留下自己的"过错"。

一周之后，苹果上所有的"伤痕"都已经"氧化"，所有的"细节问题"都成了难看的"疤痕"。

我约他来看"自己"。

他看着我手里"伤痕累累"的苹果，整个人都呆了。

我没有说话，只是给他一张纸。

他这样写道："我从来没有想过那些微不足道的小问题，有一天会让整个苹果变成这样的状态。我不想做一个'烂苹果',我不想成为那样的人,我的人生不能毁在这里!我知道接下来该怎么做了!"

成长中的问题是一个人改变的阶梯,班主任如果总是在一个问题上纠结,那可能会影响学生的成长;如果指明一个方向,告诉学生成长的可能,当优势被建立起来的时候,问题可能就是动力了。

和承予一起的三年里,我看到了一条翻身的"闲鱼"。当然,想要一条鱼真正"化身为龙",还是需要最后"飞跃龙门"的。

在九年级的最后一学期,我为他送上了一次惊喜,助他"鱼跃龙门"——一次以他的成长为主题的班会。

当他努力的身影出现在视频上的时候,他张大了嘴巴,久久不能合上,眼里满是惊讶。他可能从来没有想过我为他留下了那么多回忆吧,也可能从来没有想过,我会将这些记忆串在一起,写成一个故事。他的眼角湿润了,整节课,他笑脸盈盈,却又泪眼婆娑。

班会课的末尾是一个送礼物的环节。

我为他亲手做了一份礼物,那是我从他初一开始就为他记录的成长随笔,是我见证的他成长的印记,一共有四万多字,还有三年来我为他拍的数百张照片。我将随笔做成了一本书,取名为"路过冬天便是春"。

他拿着书,在众人面前,泪流满面。

说真的,我喜欢这样的过程,一路陪着他,阅遍千般风华,经历万事精彩,最终成就自我。

3. 陪伴是唤醒一个人的自主成长

2016年12月31日,他已经离开我一个学期了。这天,因为高中放假,他回来看我，坐在我面前，很认真地说："老师，我决定了，我要去当一个老师！"

当我还在惊讶的时候，他已经说了他的理由——我要像您帮我一样，去帮助一个人！

这一次，是我，泪流满面。

（三）共同意识是因为有共同的价值认识而生成

很多时候，解决学生的问题还是要站在他的角度，还是要通过他对整个事件的认识来判断。有些人常说，孩子的观点算什么呢，只要让他去做就可以了。恰恰相反，孩子的观点并不是幼稚的代名词。一般说来，孩子的观点和成人相比，少了一份世俗的价值观，反而更加单纯。

话题从期中考试开始。她的这次期中考试成绩，在班级里进步了20名。

"是哪些原因让你进步了？"我问她。

"我主动做了一些练习，遇到不懂的问题，就去问老师，而且上课的时候，我还积极主动地举手了！"她的回答中规中矩。

"那是什么推动了你，让你做了这些改变？"

她迟疑了一下，才说："应该是上个学期末的成绩吧，我看到自己的成绩实在不好，想改变一下自己，所以就努力了。"

"你一直以来成绩不太好，是不是因为平时没有人管你？"

"那也不是，平时还是有人管的！"她还是在尽力地维护家人，"妈妈工作很忙，一个月才放假一天，所以也顾不上；奶奶有管，而且管得蛮多的。"

"那你听吗？"

"听呀！"

"真的？！"我反问了一句。

"这个……这个……嘿嘿。"她说不出来了，其实她知道我了解了很多，说着，自己就很不好意思地笑了。

"你希望谁来管你？"

"当然是爸爸妈妈，还有老师。"她的言语中，透露着无奈。整个过程中，她始终没有谈及父亲，可能是因为父亲真的很忙，也可能是因为父亲平时在教育中就没有付出什么，所以她选择性地"忽略"了。

"你当下最大的梦想是什么？"

"考进前 100 名，能够上高中。"

"如果，你上了高中，有机会向妈妈提个要求，你想得到什么？"

她迟疑了好久，沉默了，良久，抬起头看着我："我想要妈妈能够多陪陪我。"

她说："有的时候，即使是被责备，我还是希望能够获得妈妈的关注。"

此后，是我们长长的无语。

我说："其实，我都明白。前段时间，我看了这一年我为你拍的所有照片，已经感受到了。于是我写了几段文字，组合了你的照片，为你做了一个视频。说真的，我很在意你的感受。"

说着，我打开了视频，让她坐在我的座位上。

歌曲《Angle》响起，淡淡的悲伤随即弥漫在办公室里。她的照片开始跟着视频"角落里的眼睛"，慢慢地呈现出来。

视频不长，就四分多钟。看完之后，她愣了，呆了，痴了。她傻傻地看着我，不知道该说什么，眼里有晶莹的闪烁。

我笑笑，拍拍她的肩膀："一直以来，我都认为你有无限的潜力，只是一直以来你觉得没有受到关注，所以懒懒散散没有动力。确实，如果是我，没有人关注我，我也会这样。半个学期以来，老师只是和你多谈谈，就发现了你好多的优点，然后你就进步很大了！虽然，我们都知道努力是为自己，但是也希望有人分享，对吧。"

说着，我暂停了一下，然后很认真地说："从今天开始，我会很乐于分享你的快乐，同时也会与你共同承担你的难过，还会站在你的身边帮助你，好吗？！"

她红着眼睛看着我，用力地点点头。

"快回去学习吧，我一直在这里！"我说。

（四）共同意识是因为体验而逐渐生成

集体中的共同意识是因为一起经历了彼此的生活，体验了生命成长的过程而逐渐生成的，它是每个学生成长的关键思想基础。

一瓶墨水，一杯水，这是我为她准备的说"坚持"的工具。我像个科学老师般地准备做实验，手里的滴管和桌子上的社会书，形成强烈的视觉冲突。在办公室进出的孩子们朝我投来的疑惑目光就是最好的证明。我当作什么都不知道，脑子里一直在想着接下来可能出现的问题。

她来了，看起来很开心的样子。

"这是什么？"我举着手里的滴管，指着桌子上的"摆设"问。

"滴管和烧杯？"她的眼里充满着疑惑。

"你知道我想用它们做什么吗？"

"用它们？"她很惊讶，随即疑惑地摇摇头。

我笑着拿过那个装满水的烧杯，满满的一杯水。

"这水是？"

"干净的！"她倒是接得很快。

我举起了滴管，向她示意："这个是？"

"墨水？！"她在猜测。

"是的！"说着，我就把滴管里的墨水滴入了烧杯。

"呀！"她惊叹一声。

"看着它！全神贯注地看着它！"我没有被她的叫声影响，往杯子里又加了一些墨水。

墨水从"扑入"开始，顽强地往清水"深处"冲去，没有停止，没有迟疑。很快，就冲出了一幅"山水画"，令人惊讶，令人欢喜。但是，渐渐地，"山水画"不见了，留在杯子里的，就是一杯黑黑的水。我们都很安静地看着杯子里的水，直到最后。

我问她："如果这杯水是你，墨水是你的缺点，你想到了什么？"

她静静地坐在那里，没有说话。我知道她在思考，而且思考得很深入，因为她脸上的表情实在太丰富了。

我看她想得很入迷，就站起来，把水换了。一杯新的清水放在面前的时候，她仿佛刚刚醒过来一般，惊讶地看着我。

我没有说话，只是按照自己的节奏，擦干杯子，重新做好准备。

她看着我做着和刚才一样的事，眼神里流露出了一种已经熟知的神情。我猜测她以为我要重复，给她一个加强记忆的机会。

我按照上一次的流程，一直做下来。完成后，我忽然换个角度问："现在，如果这滴墨水是你，清水是你的人生，时间长了，你悟到了什么？"

她也许根本没有想到，我会将整个角度调转过来，一下愣住了，又进入了思考的状态。我很安静地陪着她思考，不打断，不引导。我始终相信，只有她才能解决自己的问题。

教育的效果源自学生对教育内容、教育过程的认识，学生认识的深度取决于她的思考深度。

附（她的反思）：

如果我是清水，我的缺点是墨水，在清水中加墨水，清水就会和墨水相融合。如果我不改正缺点，我的缺点就会逐渐放大，占据我这个人，像这墨水占据清水一样。在生活中，如果你看到了自己的缺点或别人指出了你的不足，你就要及时改正，否则等到缺点变成墨水一样，就来不及了。

　　此外，如果我是墨水，清水是我的人生，那么自己的人生只能靠自己去改变。我有多努力，就会有多少回报。像我这次考试，是因为我努力了，才能进步这么多；如果我没有在考试前努力，也不会有这么大的进步。所以自己的人生是什么，只能靠自己去改变，别人只能帮你，而不能替你。